New Collection 19

중학교 영어로 다시 읽는 세계명작

하이디

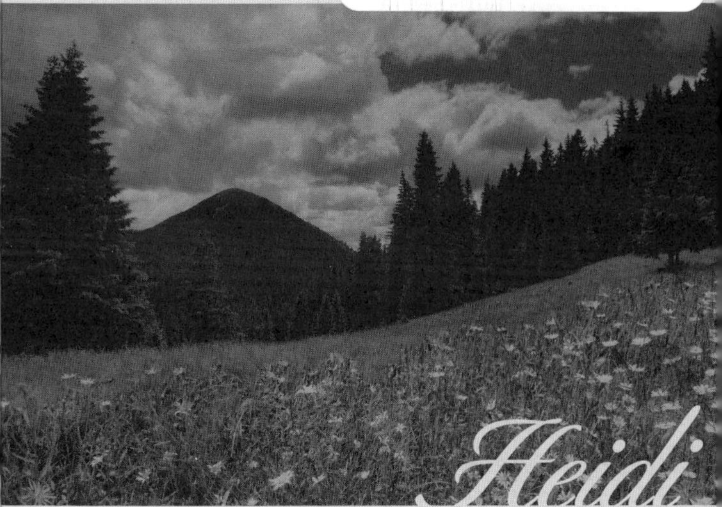

Heidi

Johanna Spyri 원작
넥서스콘텐츠개발팀 엮음

넥서스

중학교 영어로 다시 읽는 세계명작
New Collection 19
하이디

원 작 Johanna Spyri
지은이 넥서스콘텐츠개발팀
펴낸이 안용백
펴낸곳 (주)넥서스

초판 1쇄 인쇄 2012년 8월 20일
초판 1쇄 발행 2012년 8월 25일

출판신고 1992년 4월 3일 제311-2002-2호
121-840 서울시 마포구 서교동 394-2
Tel (02)330-5500 Fax (02)330-5555

ISBN 978-89-5994-376-0 14740
ISBN 978-89-5797-467-4 14740 (세트)

저자와 출판사의 허락없이 내용의 일부를
인용하거나 발췌하는 것을 금합니다.

가격은 뒤표지에 있습니다.
잘못 만들어진 책은 구입처에서 바꾸어 드립니다.

www.nexusbook.com

머 리 말

어릴 적 즐겨 읽었던 『이상한 나라의 앨리스』나 『작은 아씨들』을 이제 영어로 만나 보세요. 지난날 우리들을 설레게 했던 명작들을 영어로 읽어봄으로써, 우리말로는 느끼지 못했던 또 다른 재미와 감동을 느낄 수 있습니다. 또한 친숙한 이야기를 영어로 바꿔 읽는 것은 그 어느 학습 자료보다도 효과적입니다. 자신이 알고 있는 이야기를 떠올리며 앞으로 전개될 내용을 상상하며 읽어 나가면, 낯선 내용을 읽을 때만큼 어렵거나 부담스럽지 않기 때문입니다.

『중학교·고등학교 영어로 다시 읽는 세계명작 시리즈 New Collection』은 기존에 나와 있는 명작 시리즈와는 달리, 소설책을 읽듯 추억과 감동에 빠져들 수 있도록 원서의 느낌을 최대한 살렸습니다. 또한, 영한 대역 스타일을 탈피하여 우리말 번역을 권말에 배치함으로써 독자 여러분이 스스로 이야기를 이해하는 연습을 할 수 있도록 하였습니다. 더불어 원어민 성우들이 정확한 발음과 풍부한 감성으로 녹음한 MP3 파일은 눈과 귀로 벅찬 감동을 동시에 경험하며, 최대의 학습 효과를 얻을 수 있도록 제작되었습니다.

'순수하고 가슴 뭉클한 그 무엇'이 절실한 요즘, 주옥같은 세계명작을 다시금 읽으며 잠시나마 마음의 여유를 갖고 영어소설이 주는 감동에 빠져 보세요.

넥서스콘텐츠개발팀

이 시리즈의 특징

1 읽기 쉬운 영어로 Rewriting

한국인이 가장 좋아하는 세계명작만을 엄선하여, 원문을 최대한 살리면서 중고등학교 수준의 쉬운 영어로 각색하였다. 『중학교 영어로 다시 읽는 세계명작 시리즈 New Collection』은 1,000단어, 『고등학교 영어로 다시 읽는 세계명작 시리즈 New Collection』은 2,000단어 수준으로 각색하고, 어려운 어휘는 별도로 설명하여 사전 없이도 읽을 수 있다.

2 학습 효과를 배가시키는 Summary

각 STORY 및 SCENE이 시작될 때마다 우리말 요약을 제시하여 내용을 추측하면서 읽을 수 있기 때문에, 원서의 부담을 덜면서 더 큰 학습 효과를 얻을 수 있다.

3 학습용 MP3 파일

전문 원어민 성우들의 실감나는 연기가 담긴 MP3 파일을 들으면서, 읽기와 함께 듣기 및 말하기까지 연습할 수 있다.

4 독자를 고려한 최적의 디자인

한 손에 쏙 들어오는 판형, 읽기 편한 서체와 크기 등 독자가 언제 어디서나 오랜 시간 즐겁게 읽을 수 있도록 최상의 편집 체제와 세련된 디자인으로 가독성을 높였다.

추 천 리 딩 가 이 드

step 1 **청해** 들으면서 의미 추측하기
책을 읽기에 앞서 MP3 파일을 들으며 이야기의 내용을 추측해 본다.

step 2 **속독** 빨리 읽으면서 의미 추측하기
STORY 및 SCENE의 영문 제목과 우리말 요약을 읽은 다음, 본문을 읽으면서 혼자 힘으로 뜻을 파악해 본다. 모르는 단어나 문장이 나와도 멈추지 말고 전체적인 흐름을 파악하는 데 주력한다.

step 3 **정독** 정확히 읽으면서 의미 파악하기
어구 풀이와 권말 번역을 참고하면서 정확한 의미를 파악한다.

step 4 **낭독** 소리 내어 읽으면서 소리와 친해지기
단어와 단어가 연결될 때 나타나는 발음 현상과 속도 등에 유의하면서 큰 소리로 또박또박 읽어 본다.

step 5 **섀도잉** 따라 말하면서 회화 연습하기
MP3 파일을 들으며 원어민의 말을 한 박자 늦게 돌림노래 부르듯 따라 말하면서, 속도감과 발음 등 회화에 효과적인 훈련을 한다.

이 시 리 즈 의 구 성

우리말 Summary

이야기를 읽기 전에 내용을 짐작해 봄으로써, 편안한 마음으로 읽을 수 있도록 우리말 요약문을 제시하였다. 이를 힌트 삼아 보다 효과적인 내용 이해가 가능할 것이다.

> ### *The Tortoise and the Ducks*
>
> 세상을 구경하고 싶어 하던 거북은
> 어느 날 오리들의 도움으로 하늘을 날게 된다.

영문

부담스러워 보이지 않고 편안하게 술술 읽히도록 서체와 크기, 간격 등을 최적의 체제로 편집하였다.

> The Tortoise's* shell* is his house. He has to carry it on his back* all the time, so he can never leave home. This was a punishment* from Zeus for being lazy,* because he refused* to go to Zeus's wedding.
>
> The Tortoise became very sad when

어구 풀이

이야기를 이해하는 데 도움이 되도록 어려운 어구를 순서대로 정리하였다. 이야기에 사용되는 의미를 우선순위로 하였으나, 2차적 의미가 중요하거나 불규칙 활용을 하는 경우도 함께 다뤄주어, 보다 풍부한 어구 학습이 되도록 배려하였다.

> he saw other animals move about* freely and swiftly.* He wanted to see the world like they did, but the house on his back and his short legs made it impossible.
>
> One day the Tortoise told two ducks his sad story.
>
> "We can help you to see the world," said the Ducks. "Bite* down hard on this stick with your mouth, and we will fly you high up in the sky so that you can see the world. No matter what* happens,* do not speak. Or you'll regret* it very badly.*"
>
> The Tortoise was very pleased.* He bit down on the stick as hard as he could, and the Ducks took hold of*
>
> tortoise 거북 shell 껍질, 껍데기 back 등 punishment 벌, 처벌 lazy 게으른 refuse 거절하다, 거부하다 move about 돌아다니다 swiftly 빠르게 bite 깨물다, 물다 no matter what ~무엇이 ~일지라도 happen (일이) 일어나다, 발생하다 regret 후회하다 badly 몹시, 심하게 pleased 기쁜 take hold of ~ ~을 쥐다, 잡다, 붙다

우리말 번역

문장 구성과 어구의 쓰임을 효율적으로 학습할 수 있도록 직역을 기본으로 하여 번역하였다. 가능하면 번역에 의존하지 말고 영문과 어구만으로 이야기를 이해하도록 하며, 번역은 참고만 하도록 한다.

페이지 표시

영문을 읽다가 해결되지 않는 부분이 있을 때 그에 대응하는 번역 부분을 손쉽게 찾을 수 있도록 해당 영문 페이지의 번호를 표시해 놓았다.

MP3 파일

www.nexusbook.com에서 다운로드

전문 원어민 성우들의 생생한 연기를 귀로 들으며, 바로 옆에서 누군가가 동화책을 읽어주는 것처럼 더욱 흥미롭고 효과적으로 학습할 수 있다.

저자 소개

요한나 슈피리(Johanna Spyri, 1827~1901)는 스위스의 여류 소설가로 열네 살 때부터 본격적으로 글쓰기와 프랑스어, 피아노를 배웠다. 취리히에서 공부를 마친 요한나는 고향 히르첼로 돌아와 고아원, 불량 소년 수용소, 여학교의 교육 상담가로 일했는데, 이에 따라 그녀의 집은 자연스럽게 문학가, 음악가, 역사학자 등의 지식인들이 드나드는 곳이 되었다. 이들과의 교류를 통해 그녀의 문학적인 교양이 더욱 쌓이고 기독교적 세계관도 공고해졌다.

그녀는 1870년에 처녀작 「헤르고란트의 소녀 이야기」를 집필했다. 그 이후 글 쓰는 작업에는 뜸했으나 1884년에 남편과 외아들을 잃는 비극을 겪은 후 본격적으로 글쓰기와 여행에 몰두했다. 한편으로는 보불 전쟁으로 인하여 스위스를 찾아오는 피난민들을 구제하기 위해서 그녀가 글을 쓰기 시작했다고 추정되기도 한다.

그녀는 주로 기독교적 세계관을 바탕으로 청소년들을 위한 소설을 썼다. 그리하여 그녀의 모든 작품은 줄거리 전개가 밝고 긍정적이며 행복한 결말을 맺는다. 그녀의 주요 작품들 중에서 가장 널리 알려진 「하이디」는 전 세계 아동문학의 대표작이 되었으며, 애니메이션과 영화로도 제작되어 많은 사랑을 받았다. 1901년 사망 전까지 그녀는 50여 편이 넘는 작품들을 남겼다.

작품 소개

어느 날 알프스의 한 산골 마을에 이모의 손에 이끌려 어린 소녀가 나타난다. 그녀의 이모는 프랑크푸르트로 가게 되어 산 속에서 혼자 사는 아이의 할아버지에게 아이를 맡기러 온 것이다. 비사교적인 할아버지의 성격 때문에 모두들 걱정하지만 천진난만한 하이디는 할아버지를 잘 따르고 할아버지 역시 자신의 손녀를 끔찍하게 위한다.

하지만 2년 뒤 갑자기 찾아온 이모가 하이디를 프랑크푸르트로 데려가 건강이 좋지 못한 부잣집 외동딸의 말동무가 되게 한다. 풍족한 생활이 싫은 것은 아니지만 하이디는 산 속에서 지내던 생활과 그곳에 두고 온 할아버지와 이웃집 할머니 등을 생각하며 향수병이 깊어 간다. 결국 산으로 다시 돌아오게 된 하이디는 건강을 되찾고 단절된 삶을 살았던 할아버지의 마음까지 열게 한다.

이 작품은 스위스를 배경으로 한 서정적인 아름다움과 하이디라는 독특한 캐릭터에 대한 매력으로 전 세계 독자들의 마음을 사로잡았다. 이 작품을 토대로 제작된 애니메이션 중에는 미야자키 하야오의 「알프스의 소녀 하이디」가 원작에 가장 충실한 내실 있는 작품으로 주목 받았다. 한편 영화로는 당대의 가장 유명한 아역배우로 한 시대를 풍미한 셜리 템플 주연의 1937년도 작품이 유명한데, 배우의 연기는 좋았으나 원작을 크게 왜곡한 점이 살짝 아쉬움으로 남기도 했다.

Contents

Chapter 01	Up the Mountain to Alm-Uncle 산 위의 알름 아저씨에게	12
Chapter 02	At Home with Grandfather 할아버지와 함께 집에서	27
Chapter 03	Out with the Goats 염소들과의 나들이	36
Chapter 04	The Visit to Grandmother 페터의 할머니 찾아뵙기	49
Chapter 05	Two Visits 두 번의 방문	61
Chapter 06	A New Chapter about New Things 새로운 것에 관한 새로운 사건	71
Chapter 07	Miss Rottenmeier Spends an Uncomfortable Day 로텐마이어 양, 불편한 하루를 보내다	77
Chapter 08	The Great Commotion 대소동	88
Chapter 09	Mr. Sesemann Hears of Things that Are New to Him 제제만 씨, 생소한 일들에 대해 듣다	98
Chapter 10	Another Grandmother 또 한 명의 할머니	103
Chapter 11	Heidi Gains in One Way and Loses in Another 하이디, 하나는 얻고 하나는 잃다	110

Chapter 12	A Ghost in the House 집 안의 유령	114
Chapter 13	A Summer Evening on the Mountain 산 위에서의 여름날 저녁	124
Chapter 14	Sunday Bells 일요일의 종소리	139
Chapter 15	Preparations for a Journey 여행 준비	150
Chapter 16	A Visitor 손님	155
Chapter 17	A Compensation 보상	162
Chapter 18	The Winter in Dörfli 되르플리에서의 겨울	169
Chapter 19	The Winter Continues 겨울이 계속되다	177
Chapter 20	News from Distant Friends 먼 곳의 친구들로부터 들려온 소식	184
Chapter 21	How Life Goes on at Grandfather's 할아버지 집에서의 생활	193
Chapter 22	Something Unexpected Happens 예기치 못한 일이 일어나다	199
Chapter 23	"Good-bye till We Meet Again" "우리가 다시 만날 때까지 안녕"	210

Chapter 01

Up the Mountain to Alm-Uncle

어느 날 어떤 여자가 어린 조카를 데리고
알프스 산 아래 마을인 되르플리에 나타난다.
여자는 산 위에서 마을 사람들과 의절하며 지내는
아이의 할아버지에게 아이를 맡기려고 한다.

From the old and pleasant village, Mayenfeld, a footpath* goes through green meadows* to the foot of the mountains. As the climber* approaches* the mountain, the path* becomes steeper.* He can breathe* the smell of grass and strong mountain plants.

One sunny June morning, two people were climbing* the mountain. One was a tall strong-looking young woman, and the other was a child with glowing* red cheeks and sunburnt* skin. Even though it was June, the child wore winter clothes.

The two walked for two hours when they came to the village known as Dörfli, which was halfway* up the mountain. Here the travelers were greeted* by many people because the young woman was from this village.

"Are you tired, Heidi?" asked the young woman to the child.

"No, but I am hot."

"You must walk a little longer," she said in an encouraging* voice. "We will be

---

footpath 좁은 길 meadow 목초지, 초원 climber 등산가 approach 다가가다, 가까이 가다 path 작은 길, 오솔길 steep 가파른, 경사가 급한 breathe 숨 쉬다, 호흡하다 climb 오르다, 등반하다 glow (뺨이) 홍조를 띠다 sunburnt 햇볕에 탄 halfway 중도의 greet 인사하다, 맞이하다 encouraging 격려하는, 기운을 돋우는

there in an hour."

They were now joined by a fat and kind-looking woman named Barbel, who talked about everyone and everything.

"Where are you going with the child, Dete?" asked the woman. "I suppose* this is your sister's child?"

"Yes," answered Dete. "I am taking her up to Alm-Uncle, where she must stay."

"Are you crazy, Dete? The old man will not let her live with him!"

"He must because he is her grandfather. It is his duty* to do something for her."

"But he is not like other people," said Barbel. "The child cannot possibly* live with him. But where are you going to live?"

"At an extra* rich family in Frankfurt," answered Dete. "They stayed at the Baths last summer, and it was my duty to clean their rooms. They wanted me to go with them, but I could not leave. They have asked me to work for them again."

"I am glad I am not the child!" exclaimed* Barbel. "No one knows anything about the old man up there! He never talks to anyone or goes to church. He looks mean* with a big hairy* beard* and eyebrows.*"

"So?" said Dete. "He is still her grandfather. He won't hurt* her, and if he does, it's not my responsibility.*"

"I want to know what a man like him thinks about," said Barbel. "All kinds of things are said about him. You, Dete, must have learned about him from your sister."

"Yes, I did," said Dete. "But I am not going to repeat what I heard."

Now Barbel was anxious to* learn about

---

suppose 추측하다, 추정하다 duty 의무, 과제 possibly 아마, 어쩌면 extra 여분의, 필요 이상의 exclaim 외치다, 소리치다 mean 심술궂은, 비열한 hairy 털이 많은, 털투성이의 beard 턱수염 eyebrow 눈썹 hurt 아프게 하다, 상처를 주다 responsibility 책임, 책무 be anxious to ~하기를 갈망하다, 몹시 ~하고 싶어 하다

the man who lived alone. Why did people whisper* about him? Moreover,* Barbel was ignorant* about why all the people in Dörfli called him Alm-Uncle. Dete had been born in Dörfli, and had lived there with her mother until her mother's death last year. After that, she started working at the Baths as a chambermaid.* Barbel was, therefore, determined not to* lose this good chance to satisfy* her curiosity.*

"Who is this man, and why does he hate everyone?" she asked.

"How could I know about him?" said Dete. "I am 26 and he is 70. If I tell you the things my mother told me, you will tell everyone."

"That's ridiculous,* Dete," said Barbel. "I can keep secrets.*"

"Fine, I will tell you, but wait a moment," said Dete as she looked to see where Heidi was. She did not want Heidi to hear what she said.

"She is over there with the goatherd,*" said Barbel. "He can watch over her there. She can't hear you."

"Heidi doesn't need the boy to watch her. She is very smart and notices* everything. Alm-Uncle used to own* one of the largest farms in Domleschg. He was the elder of two brothers. The younger brother was quiet and neat.* Yet Alm-Uncle drank and gambled* away all of his property.*

"His parents then died of sorrow.* The younger brother, who had no money, went somewhere, but no one knows where. Ten or fifteen years later, he returned to Domleschg with a young

---

whisper 험담하다, 쑥덕거리다 **moreover** 게다가, 더욱이 **ignorant** 무지한, 무식한 **chambermaid** 객실 담당 여종업원 **be determined to** ~을 마음에 두다, 결심하다 **satisfy** 충족시키다 **curiosity** 호기심 **ridiculous** 터무니없는, 바보 같은 **secret** 비밀 **goatherd** 염소치기 **notice** 주의하다, 알아채다 **own** 소유하다 **neat** 품행이 바른, 단정한 **gamble** 노름을 하다, 도박을 하다 **property** 재산, 자산 **sorrow** 슬픔, 비통

child, Tobias, whom he tried to give to some of his family. However, no one wanted to help him. He vowed* to never go back there.

"He then came to Dörfli, where he continued to live with his little boy. When the boy became older, he worked for a carpenter.* Everyone in Dörfli liked the boy, but we didn't trust* the old man. My great-grandmother on my mother's side was his grandmother's sister, so we called him Uncle. Since he went to live on the mountainside,* everyone calls him Alm-Uncle."

"And what happened to Tobias?" asked Barbel.

"Tobias learned how to be a carpenter in Mels. When he came back to Dörfli, he married* my sister, Adelaide. They had a happy marriage* until Tobias was killed in an accident* at work. After that, Adelaide became sick. And so two months after Tobias died, his wife followed him.

"Mother and I took Adelaide's daughter, who then was only a year old. Mother died last year, and I went down to the Baths to make some money. I paid an old woman to keep and look after the child while I worked. Now the family I used to work for wants me to work for them again."

"And you are going to give the child to the old man up there?" said Barbel.

"I have done my duty toward the child," said Dete. "I cannot take a child of five years old with me to Frankfurt. By the way, where are you going?"

"We have just arrived at the place I wanted to go," answered Barbel. "I have something to say to the goatherd's wife. So

---

vow 맹세하다, 서약하다   **carpenter** 목수   **trust** 신뢰하다, 신임하다
mountainside 산허리, 산 중턱   **marry** 결혼하다   **marriage** 결혼
accident 사고, 사건

goodbye, Dete. Good luck to you!"

Dete shook hands with her friend and remained* standing while Barbel went toward a small, dark brown hut. The hut* looked old and unsafe.* When the stormy* south wind came over the mountain, everything inside it, doors and windows, shook. Here lived Peter. He was the eleven-year-old boy who took the village goats up the mountain every morning and brought them down the mountain again every evening.

He only had time to see his friends in the evening because he had to stay on the mountain all day. He had a mother and a blind* grandmother at home. His father had been a goatherd too and was accidentally* killed while cutting wood some years before. His mother was named Brigitta, while the blind grandmother was called "Grandmother" by everyone in

Dörfli.

Dete looked everywhere for the children and goats, but she did not see them, so she climbed to a higher spot.* She was getting anxious.* Meanwhile,* the children were climbing far away to the many nice places Peter knew about. Heidi struggled* to follow Peter because of her thick clothes. She said nothing, but she envied* how easy it was for Peter and the goats to climb. Finally,* she sat down on the ground and began taking off her clothes until she wore only her short-sleeved undergarment.* She then went jumping and climbing up after Peter and the goats.

Peter smiled widely when he saw Heidi run to him. She asked her companion*

---

remain 여전히 ~이다 **hut** 오두막집 **unsafe** 안전하지 않은 **stormy** 폭풍우가 치는 **blind** 눈이 안 보이는 **accidentally** 사고로, 뜻하지 않게 **spot** 장소, 지점 **anxious** 걱정하는, 불안한 **meanwhile** 그동안, 한편 **struggle** 분투하다, 애쓰다 **envy** 시기하다, 부러워하다 **finally** 마침내, 드디어 **undergarment** 속옷, 내의 **companion** 친구, 벗

many questions, such as how many goats he had and where he was going to go with them. At last,* they approached where Dete could see them.

"Heidi, what have you been doing?" asked Dete. "What are you wearing? Where are your dress, your new shoes, and new stockings?"

"Down there," Heidi said.

"You good-for-nothing* little thing!" exclaimed Dete angrily. "Why did you undress* yourself?"

"I don't want any clothes," said Heidi.

"You thoughtless* child!" continued* Dete. "Who is going to get your clothes? It will take a half an hour to get them. Peter, go get her clothes."

"I have to go for the goats," answered Peter slowly.

"Stop wasting* time," she said. "If you get the clothes, I shall give you something nice." She held out* a bright new piece of money. Peter immediately* ran down the mountain. He was back again so quickly that Dete praised* him and handed him the money she had promised.* Peter's face beamed* with delight.*

"You can carry the things up for me to Uncle's because you are going the same way," said Dete. Peter followed after her, while Heidi and the goats went jumping joyfully* beside* him. Finally, they reached the top of the Alm Mountain.

Uncle's hut stood in where it was windy and sunny. Behind the hut stood three old fir trees* and more mountains on which beautiful plants grew. Uncle was sitting outside the hut, quietly looking out. Heidi

---

at last 마침내, 드디어 good-for-nothing 쓸모없는, 밥벌레의 undress ~의 옷을 벗기다 thoughtless 생각이 없는, 경솔한 continue 말을 잇다 waste 낭비하다, 허비하다 hold out 내밀다 immediately 즉시, 즉각 praise 칭찬하다 promise 약속하다 beam 빛나다, 빛을 발하다 delight 기쁨, 환희 joyfully 즐겁게 beside ~ 옆에 fir tree 전나무

saw him first.

"Good morning, Grandfather," she said.

"What is the meaning of this?" he asked as he shook the child's hand and gazed at* her curiously.* Heidi stared back at* him and did not look away because he looked like a bush.* Meanwhile, Dete had come up with Peter after her.

"I wish you good day, Uncle," said Dete as she walked toward him. "I have brought you Tobias and Adelaide's child. You will hardly* recognize* her, because you have never seen her since she was a year old."

"Why is the child here?" asked the old man rudely.* "You there," he then called out to Peter. "Take the goats away." Peter quickly disappeared.*

"The child is here to stay with you," Dete answered.

"That's it, is it?" said the old man. "When the child cries because she misses you, what am I supposed to* do?"

"That's your choice,*" said Dete. "I have to go make money, and you are her closest family. If you cannot keep her, you have to find someone else to watch her."

Now Dete felt guilty* about what she was doing. The old man rose from his seat.

"Go away," he told her. "Do not let me see your face again."

Dete hurried away.

"Goodbye to you then, and to you too, Heidi," she said as she started to descend* the mountain, running. In the village, everyone asked her who and where the child was. Dete said she was with Alm-Uncle.

"How could you do such a thing?" said

---

gaze at ~을 뚫어지게 보다, 응시하다   curiously 신기한 듯이, 호기심에서
stare at ~을 응시하다, 뚫어지게 보다   bush 관목, 덤불   hardly 거의 ~
않는   recognize 인지하다, 알아보다   rudely 무례하게, 거칠게   disappear
사라지다, 안 보이게 되다   be supposed to ~하기로 되어 있다   choice 선택
guilty 죄책감을 느끼는   descend 내려가다, 내려오다

the women in the village. They chased* her. Dete ran away from the village until she could not hear them anymore. She felt bad about what she had done to the child, but she told herself she was doing the right thing.

Chapter 02

At Home with Grandfather

눈치 빠르고 싹싹한 하이디는 할아버지의 마음에 든다.
할아버지는 하이디를 위한 살림살이를 마련해 주고
양치기 소년 페터도 하이디의 친구가 된다.

Heidi began to look around. She looked at where the goats lived and the fir trees. She listened to the sound of the wind. Finally, she gazed at her grandfather.

"What is it you want?" he asked her.

---

chase 뒤쫓다, 추적하다

"I want to see what you have inside the house," said Heidi.

"Come then! Bring your clothes in with you," he told her.

"I don't want them anymore."

"Why not?"

"Because I want to run like the goats."

"You can if you want to," said her grandfather. "Still, we must put your clothes in the closet.*"

Heidi did as she was told. The old man now opened the door, and Heidi stepped inside after him. It was a good-sized* room with only a few pieces of furniture, some clothes, and a little food.

"Where am I to sleep, Grandfather?" she asked.

"Wherever you like," he answered.

Heidi was delighted.* In the corner near her grandfather's bed, she saw a short ladder* against the wall. Up she climbed and found herself in the hayloft.* There was sweet-smelling hay* and a window with a beautiful view.*

"I shall sleep up here, Grandfather," said Heidi. Heidi and her grandfather made a bed.

"I think we should eat now," said Grandfather. "What do you think?"

Because she was so excited about making her bed, Heidi had forgotten everything else. But now when she began to think about food, she felt terribly* hungry.

"Yes, I think so too," she answered without hesitation.*

They went down the ladder. Then he went up to the fireplace.* He put a small kettle over the fire. The kettle* soon began

---

closet 벽장　**good-sized** 아담한 크기의　**delighted** 아주 즐거운, 기쁜　**ladder** 사다리　**hayloft** 건초 두는 곳　**hay** 건초　**view** 경치, 조망　**terribly** 몹시, 대단히　**without hesitation** 주저하지 않고　**fireplace** 벽난로　**kettle** 찻주전자

to boil.* Meanwhile, the old man held a large piece of cheese on a long iron fork over the fire. Heidi watched all that was going on with eager* curiosity.

Suddenly, she had an idea. She turned and ran to the cupboard. Heidi set the table with knives and loaves* of bread.

"Ah, that's right," said Grandfather. "I am glad to see that you have some ideas of your own." As he spoke, he laid the toasted* cheese on a layer* of bread. "But there is still something missing."

Heidi ran quickly back to the cupboard. She found a bowl* and two glasses in the cupboard. She ran back and put them on the table.

"Good. I see you know how to set the table, but what will you do for a seat?" Grandfather was sitting on the only chair in the room. Heidi flew to the fireplace, pulled the three-legged stool* up to the table, and sat down on it.

"Well, you found a seat for yourself. I see, but it's too low," said Grandfather. "But you would not be tall enough to reach the table even if you sat in my chair. The first thing now, however, is to have something to eat. Come along."

He stood up, filled the bowl with* milk, and placing it on the chair, pushed it in front of Heidi. Then he brought her a large slice of bread and a piece of the golden cheese and told her to eat. After which he went and sat down on the corner of the table and began his own meal.

"Was the milk nice?" asked her grandfather after she finished eating.

"I never drank any so good before," answered Heidi.

"Then you must have some more." The

---

boil 끓다 eager 열렬한 loaf 덩어리 toasted 구운 layer 층, 겹 bowl 사발 stool 스툴(등받이, 손잡이가 없는 의자) fill A with B A를 B로 채우다

old man filled her bowl again to the brim* and set it before the child, who was now hungrily eating her bread and cheese. When the meal was over, Grandfather went outside to clean the goat-shed,* and Heidi watched with interest. Then he went to the other shed* and returned with a stool that was higher than the other one.

"What do you think that is?" asked her grandfather.

"It's my stool," said Heidi.

"She understands what she sees," thought the old man to himself, as he continued fixing* his hut. Heidi watched him eagerly.*

And so the time passed happily on till evening. She became delighted by the sound of the wind in the fir trees. Grandfather stood and watched her from the shed. Suddenly, a shrill* whistle* was heard. Heidi paused* in her dancing, and

Grandfather came out. Peter and the goats came down the mountain. Heidi ran to greet her old friends from that morning. Two beautiful goats, one white and one brown, went running to her grandfather. They licked* salt from his hands.

"Are they ours, Grandfather?" asked Heidi. "Are you going to put them in the shed?"

"Yes," answered her grandfather. Her grandfather told her to go and get her bowl and the bread.

Heidi got the bowl and came back again. Grandfather milked the white goat and filled her bowl.

"Now eat your supper," he said. "Then go up to bed. I must go and shut up the goats, so be off and sleep well."

---

brim 가장자리, 언저리　**goat-shed** 염소 우리　**shed** 창고, 헛간　**fix** 고치다
eagerly 열심히, 열렬하게　**shrill** 날카로운, 새된　**whistle** 휘파람; 휘파람을
불다　**pause** 멈추다　**lick** 핥다

"Good night, Grandfather!" she said. "What are their names, Grandfather?"

"The white one is named Little Swan, and the brown one is Little Bear," he answered.

"Good night, Little Swan, good night, Little Bear!" she said again. Then she sat down on the seat and began to eat and drink. After she finished, she climbed up to her bed, where she slept as sweetly as a young princess on her couch* of silk.

Not long after, and while it was still twilight,* Grandfather also went to bed. He was up every morning at sunrise, and the sun came climbing up over the mountains at a very early hour during these summer months. The wind grew so strong at night. The whole hut shook.

"The child will be frightened,*" he thought. He climbed the ladder and went and stood by the child's bed.

She lay under the heavy blanket,* her cheeks rosy with sleep, and her head peacefully resting. The old man stood looking down on* the sleeping child until the moon again disappeared behind the clouds. Then he went back to bed.

---

couch 긴 의자, 카우치 **twilight** 땅거미, (해 뜨기 전후의) 어스름 **frightened** 겁먹은 **blanket** 담요, 모포 **look down on** ~을 내려다보다

Chapter 03

Out with the Goats

하이디는 휘파람 소리에 잠에서 깼다.
하이디는 염소치기 소년 페터와 함께 산 위로 올라가고
페터는 알프스 산 위의 신기한 모든 것을 하이디에게 소개해 준다.
하이디는 염소들과 어울려 즐거운 시간을 보낸다.

Heidi was awakened* early the next morning by a loud whistle. The sun was shining* through the round window. She felt very happy this morning. Above all, she thought with delight of the two dear goats. Heidi jumped quickly out of bed.

Then she climbed down the ladder

and ran outside the hut. There stood Peter already with his flock* of goats. Grandfather was just bringing his two out of the shed to join the others. Heidi ran forward* to wish good morning to him and the goats.

"Do you want to go with them up to the mountain?" asked her grandfather. Nothing could have pleased* Heidi better.

"But you must first wash," her grandfather pointed to* a large tub* full of water as he spoke. "I have everything ready for you."

Heidi ran to it and began washing until she was clean. Grandfather meanwhile went inside the hut, calling to Peter to follow him and bring in his wallet.* Peter, astonished,* followed him and put his

---

awaken 잠을 깨우다   shine (태양이) 비치다   flock 떼, 무리   forward 앞으로   please 기쁘게 하다   point to ~을 가리키다   tub 목욕통, 물통   wallet (서류 등을 넣는) 납작한 가방, 지갑   astonished 깜짝 놀란

wallet on the table.

"Open it," said the old man. Inside it, he put a large piece of bread and an equally* large piece of cheese, which made Peter open his eyes.

"Here is a bowl," Grandfather continued. "The child cannot drink her milk as you do from the goats. She is going with you and will remain with you till you return this evening. Be careful! I don't want her to fall down on any rocks."

Heidi now came running in.

"Am I clean?" she asked anxiously.* She rubbed* herself so much with the towel that her skin became as red as a lobster*'s. He gave a little laugh.

Heidi started joyfully for the mountain. She went running here and there and shouting with delight. Amazed* with the waving* field of brightly-colored flowers, Heidi forgot even Peter and the goats.

She began picking whole handfuls* of the flowers, which she put into her little apron.* She wanted to take them all home.

"Come along here!" called Peter. "Don't fall over the rocks!"

"Where are the rocks?" asked Heidi. But she did not move from her seat.

"Up above," said Peter. "We have a long way to go yet, so come along! And on the highest peak,* a bird of prey* sits and crows.*"

Heidi immediately ran up to Peter with her apron full of flowers.

"You have got enough now," said Peter as they began climbing up again together. "If you gather all the flowers now, there will be none for tomorrow."

She followed Peter, and the goats

---

equally 똑같이   anxiously 걱정하여, 불안해하며   rub 비비다, 문지르다
lobster 바다가재, 왕새우   amazed 깜짝 놀란   wave 흔들리다   handful 한 움큼, 한줌   apron 앞치마   peak 산꼭대기, 봉우리   a bird of prey 맹금
crow (새가) 울다

followed too, for they were beginning to smell the plants they loved that grew up higher. The spot where Peter generally* stopped for his goats lay at the foot of the high rocks. Peter took off his wallet and put it on the ground. The wind was very strong higher up the mountain, and he did not want to lose his things. Then he sat down to rest before he climbed higher.

Heidi sat down next to Peter and looked around. The valley* was bathed in* the morning sun. There was a white snow field bright against the dark blue sky and another field with flowers that looked like little blue bells. Suddenly, she heard a loud cry overhead* and lifting* her eyes, she saw a bird. It was the largest bird that she had ever seen. His wings were tremendous,* and he flew over the field in big circles. He disappeared behind the mountaintops.*

"Is his home right up there?" asked

Heidi. "Why does he make that noise*?"

"Because he can't help it," explained* Peter.

"Let's climb up there and see where his nest* is," suggested* Heidi.

"Even the goats cannot climb as high as that," replied* Peter. "Besides,* didn't Uncle say that you should not fall over the rocks?" Peter now began suddenly whistling. The goats, one after the other,* came jumping down the rocks to the field. Some still ate juicy* plants or pushed* each other with their horns.*

Heidi jumped up and ran in and out among them. To her, each goat had a different personality.* She got to know all of them as she played with them. Peter

---

generally 대개, 일반적으로　**valley** 골짜기, 계곡　**bathe in** ~에 담그다, 적시다　**overhead** 머리 위에　**lift** 올리다, 들어 올리다　**tremendous** 거대한, 대단한　**mountaintop** 산꼭대기　**noise** 소리　**explain** 설명하다　**nest** 둥우리, 둥지　**suggest** 제의하다, 제안하다　**reply** 대답하다　**besides** 게다가, 더욱이　**one after the other** 한 마리씩 차례로　**juicy** 즙이 많은　**push** 밀다　**horn** 뿔　**personality** 성격, 성질

took the little bowl and milked some delicious fresh milk into it from the white goat. Now he called Heidi to come, but she was so excited and amused at the games of her new friends that she saw and heard nothing else.

"Stop jumping," said Peter finally. "It is time for lunch."

"Is the milk for me?" she asked as she sat down.

"Yes," replied Peter, "and the two large pieces of bread and cheese are yours also."

"And which do you get your milk from?" asked Heidi.

"From my own goat," said Peter. Heidi now took up the bowl and drank her milk. Then she broke off a piece of her bread and held out the rest. "You can have this. I have plenty.*"

Peter looked at Heidi, unable to speak for astonishment.* He hesitated* a moment,* and she laid it down* on his knees. He seized* the food and nodded* his thanks.

"Tell me all their names," she said.

There was the great Turk, with his big horns, who always wanted to fight the others. Only Greenfinch,* the little goat, was courageous* enough to face* him. She was fast and her horns were sharp. Then there was little White Snowflake,* who always looked sad. Heidi kept trying to comfort* her. The young animal rubbed her head on Heidi's shoulder.

Heidi had decided that the handsomest and best of the goats were undoubtedly* her grandfather's goats. The goats were now beginning to climb the rocks again. Little Swan and Little Bear climbed lightly

---

plenty 많음, 다량 astonishment 놀람 hesitate 머뭇거리다 a moment 잠시 lay down 내려놓다 seize 붙잡다 nod 끄덕이다 greenfinch 방울새 courageous 용기 있는 face 맞서다, 대항하다 snowflake 눈송이 comfort 위안하다, 위로하다 undoubtedly 의심할 여지없이, 확실히

up and never failed to find the best bushes. Heidi stood with her hands behind her back, carefully watching all they did.

"Peter, the prettiest of all the goats are Little Swan and Little Bear," she said.

"Yes, I know they are," said Peter.

All of a sudden,* Peter jumped to his feet and ran quickly after the goats. Heidi followed him as fast as she could. He ran toward the steep and dangerous rocks. There, the curious Greenfinch was jumping. Peter grabbed* one of her back legs.

Greenfinch became furious* at being prevented* from going to her discovery.* She struggled to get loose.* Peter shouted at Heidi to help him. She quickly gathered a bunch* of sweet-smelling leaves.

"Come, Greenfinch," she said. "You might fall down there and break your leg!"

The young animal turned quickly, and

began eating the leaves. While the goat ate peacefully,* the children pulled her away from the dangerous rocks. Peter raised* his hand to hit her.

"You must not hit her!" cried Heidi. "See how frightened she is!"

"She deserves it," growled* Peter.

"You have no right* to touch her," she said. "It will hurt her!"

Peter looked surprised.

"Well, I will not hit her if you give me some more of your cheese tomorrow," he said.

"You shall have it all, every day," said Heidi. "I do not want it. But you must promise never to beat any of the goats."

"All right," said Peter. He now let go of Greenfinch, who joyfully jumped to join

---

all of a sudden 갑자기 grab 부여잡다, 붙들다 furious 화내어 날뛰는, 격노한 prevent 막다, 방해하다 discovery 발견 get loose 달아나다 bunch 다발, 송이 peacefully 평화롭게 raise 올리다 growl 으르렁거리다, 씩씩거리다 right 권리

her companions.

The sun was on the point of* sinking* out of sight* behind the high mountains. Heidi was again sitting on the ground, silently gazing at the blue bell-shaped flowers as the evening light shone on them.

"Peter!" cried Heidi. "Everything looks like it is on fire*!"

"It is always like that, but it is not really fire," said Peter.

"What is it, then?" cried Heidi.

"It's just the sunlight," explained Peter.

"Look!" cried Heidi in fresh excitement. "Now the mountains have turned all rose color! What do you call that mountain with snow?"

"Mountains have no names," said Peter.

"Oh, look at the crimson* snow!" cried Heidi. "And up there on the rocks, there are ever so many roses! Oh, now they are turning gray! Oh, now all the color has died away*! It's all gone, Peter."

Heidi sat down on the ground looking as full of distress* as if everything had really come to an end.*

"It will come again tomorrow," said Peter. "Get up, we must go home now."

He whistled to his goats and together they all started on their homeward* way. Heidi now felt quite happy again. She returned to the hut where her grandfather was waiting outside. Heidi ran up to him, followed by the white and brown goats.

"Come with me again tomorrow!" said Peter.

Heidi ran back quickly and gave Peter her hand, promising to go with him.

Heidi returned to the fir trees. And

---

on the point of 바야흐로 ~하려고 하여, ~의 순간에 sink 지다, 가라앉다 out of sight 눈에 보이지 않는 곳에 on fire 불타는 crimson 진홍색의, 시뻘건 die away 점점 약해지다, 사라지다 distress 비통, 비탄 come to an end 끝나다 homeward 집으로 향하는, 귀로의

opening the apron that held her flowers, she shook them all out at her grandfather's feet. But they had become brown and were no longer beautiful.

"What happened to them?" asked Heidi.

"They like to be in the sun," said her grandfather.

"Then I will never gather anymore," she said. "Why does the great bird go on* croaking* and screaming* down at us, Grandfather?"

"He is making fun of* the people in the village because they gossip* and gather together," replied the old man. "He lives freely* up high. So, you enjoyed being out with the goats?"

Heidi told him about how delightful* it had all been. She couldn't wait for another day to come.

Chapter 04

The Visit to Grandmother

알프스 산에 겨울이 찾아온다.
눈 때문에 염소들과의 외출조차 금지당하는 상황에서
하이디는 산 아래 페터의 할머니를 만나러 가기를 고집한다.

Every day, Heidi went to the mountains with Peter and the goats. She grew so strong and healthy that she never became sick. She lived each day as freely as the

---

go on -ing 계속해서 ~하다 **croak** (까악까악) 울다 **scream** 소리치다
make fun of ~을 놀리다, 조롱하다 **gossip** 남의 이야기를 지껄이다, 잡담하다
freely 자유롭게 **delightful** 매우 기쁜, 즐거운

birds. Then autumn came, and the wind blew louder and stronger, so she could not go to the mountains some days.

Whenever Peter heard that he must go alone, he looked very unhappy. The day was so boring without Heidi.

When her grandfather made goat cheese, Heidi loved to watch him stir* the cheese in the great pot.* The thing which attracted* her most, however, was the waving of the three old fir trees on these windy days. It was becoming colder, but she still liked to go outside and wonder* at the great mysteries* at the tops of those enormous* trees.

One night, there was a heavy fall of snow, and the next morning, the whole mountain was covered with* it. There was no Peter that day, and Heidi stood at the little window looking out in wonder. The thick snowflakes kept falling till the snow was up to the window.

The next day, her grandfather shoveled* the snow so they could get out of the hut. At noon, someone knocked on the door. It was Peter. He had been determined to see Heidi because he had not seen her in a week.

"Good evening," he said as he came in. Then he went and sat near the fire. Peter told Heidi that he had to go to school as they ate supper together. Heidi had many questions for him. Peter had always great difficulty in putting his thoughts into words, but he tried his best* to answer her questions.

After finishing the dinner, Peter began to get ready to return home.

"I shall come again next Sunday," said

---

stir 휘젓다 pot 항아리, 단지 attract 끌다, 끌어당기다 wonder 놀라다, 경탄하다 mystery 신비, 수수께끼 enormous 거대한, 엄청난 be covered with ~으로 덮이다 shovel 삽으로 파다 try one's best 최선을 다하다

Peter. "Also, Grandmother wants you to visit her soon."

"I must go down to see Grandmother today," Heidi said the next day. "She will be expecting me."

"The snow is too deep," answered Grandfather, but Heidi was determined to go.

Every day, she kept telling her grandfather that she had to go. On the fourth day, the snow had turned to ice.

"I must certainly* go down to see the grandmother today," she said again. Finally, he agreed* to take her.

"Come here, Grandfather!" cried Heidi when they went outside. "The fir trees are all silver and gold!"

Grandfather had gone into the shed, and he now came out, pulling a large sleigh* along with him. He got into the sleigh and lifted the child on to his lap.* He covered her in blankets to keep her warm. He gave the sleigh a push forward with his two feet.

The sleigh shot* down the mountainside so quickly that Heidi thought they were flying. Suddenly they stopped, and they were at Peter's hut. Her grandfather lifted her out. Then he left her and went up the mountain, pulling his sleigh after him.

Heidi opened the door of the hut and stepped into* a tiny* room that looked very dark and small. A table was close to the door. She saw a woman sitting at it. In the corner sat an old woman, spinning.*

"Good day, Grandmother," said Heidi. "I have come at last."

The woman raised her head and held Heidi's hand.

---

certainly 확실히, 분명히 **agree** 동의하다 **sleigh** 눈썰매 **lap** 넓적다리
shoot 빠르게 움직이다 **step into** ~ 안으로 발을 내디디다 **tiny** 아주 작은
spin (실을) 잣다

"Are you the child who lives up with Alm-Uncle, Heidi?" she asked.

"Yes," answered Heidi.

"Your hands are quite warm!" said Grandmother. "Brigitta, did Alm-Uncle come with the child?"

Peter's mother looked at Heidi curiously.

"I do not know," she said.

"I came with my grandfather," said Heidi.

"I suppose that Peter wasn't lying when he talked about Heidi and her grandfather during the summer," said Grandmother. "What is she like, Brigitta?"

"She has Adelaide's slender* figure,*" she said. "But her eyes are dark and her hair is curly* like her father's."

"Grandmother, one of your shutters* is waving backward and forward," Heidi exclaimed. "Grandfather will fix this for you so they won't break the window one day!"

"I cannot see," said Grandmother, "but I can hear that many things in this house are broken when the wind blows. No one can fix them, because Peter doesn't know how."

"But why can't you see, Grandmother?" asked Heidi.

"Alas, child, I can see nothing," said Grandmother sadly.

At these words, Heidi began crying. Grandmother now tried to comfort the child, but it was not easy to quiet* her.

"Come here," said Grandmother. "Tell me what you do up there and about your grandfather. I used to know him."

Heidi now began to tell her about her life. She told her how happy she was and how she wanted to be like her grandfather.

---

slender 호리호리한, 날씬한 **figure** 형태, 형상 **curly** 곱슬곱슬한 **shutter** 덧문, 겉창 **quiet** 달래다, 진정시키다

"Do you hear what she is saying about Uncle?" Grandmother asked her daughter.

Suddenly, there was a knock at the door. Peter walked in and looked astonished when he saw Heidi.

"What?" exclaimed Grandmother in surprise. "Is the boy back from school already? How is learning to read, Peter?"

"Just the same," replied Peter.

"I hoped you would have something different to tell me by this time," said Grandmother, "as you are going to be twelve years old this February."

"What do you want him to tell you?" asked Heidi.

"He should have learned to read a little by now," continued Grandmother. "Up there on the shelf* is an old prayer* book with beautiful songs in it. I hoped that Peter would soon learn enough to be able to read to me."

"I must get a light," said Peter's mother. "It is getting too dark to see."

"Good night, Grandmother!" said Heidi as she walked toward the door. "If it is getting dark, I must go home at once.*"

"Wait, Heidi." said Peter's mother. "You must not go alone like that. Peter must go with you. You must wear something warm!"

"I have nothing to put on," replied Heidi. Heidi ran outside, and Brigitta and Peter chased after* her. However, they saw her grandfather coming down to meet them. He then covered her with blankets and took her up the mountain. Brigitta was astonished. She told her mother how kind Alm-Uncle was to the child.

"That's amazing!" said Grandmother. "I hope she visits again!"

---

shelf 선반, 시렁 **prayer** 기도 **at once** 즉시 **chase after** ~을 쫓다

"Grandfather, tomorrow we must go to Grandmother's and fix everything that is broken," Heidi told her grandfather when they arrived at home.

"We must?" asked her grandfather. "Who told you that?"

"Nobody told me," said Heidi, "but I know she is afraid the house will fall."

"Yes, Heidi, we will do something about it tomorrow!" said Grandfather.

Grandfather kept his promise.* On the following afternoon, he brought the sleigh out again. He set Heidi down at the door of Grandmother's hut.

"Go in now, and when it grows dark, come out again," he said.

"It's the child again!" cried Grandmother, delighted. Heidi ran to her, and then began to ask her all kinds of things. All of a sudden, they heard noise at the door.

"The house is going to fall upon us!" cried Grandmother.

"No, no, Grandmother," said Heidi. "Do not be frightened. It is only Grandfather with his hammer.*"

"Is it possible*?" exclaimed Grandmother.

"Good evening, Uncle," Brigitta said to Alm-Uncle outside. "Mother and I have to thank you for doing us such a kind service."

"That will do," said the old man. "I know what you think about me. I can fix everything without your help."

Brigitta went back inside. Grandfather fixed the shutters and the roof. Meanwhile, it had been growing dark. Heidi came outside again. Grandfather covered her in blankets and carried her warmly up the mountain.

---

keep one's promise 약속을 지키다　hammer 해머, 망치　possible 가능한

So the winter went by. After many years of joyless* life, the blind grandmother had at last found something to make her happy. Every day, she looked forward to* when Heidi would come and visit her. And Heidi had also grown very fond of* the old grandmother.

Two Visits

알프스 산 위로 두 손님이 따로따로 찾아온다.
마을의 목사는 하이디의 교육을 위해
할아버지에게 마을로 내려와 살 것을 권하고
데테 이모는 하이디를 프랑크푸르트로 데려가려고 온 것이다.

Two years had passed. Heidi was still as lighthearted* and happy as the birds. She had learned all kinds of useful* things from her grandfather. She knew how to look after the goats, and Little Swan and

---

joyless 기쁨이 없는, 쓸쓸한　look forward to ~을 고대하다　be fond of ~을 좋아하다　lighthearted 근심 걱정 없는, 명랑한　useful 쓸모 있는, 유용한

Little Bear would follow her like two faithful* dogs.

Twice during the last winter, Peter had brought up a message from the schoolmaster* at Dörfli, who sent word to Alm-Uncle that he should send Heidi to school. Uncle had sent the message back that he did not intend* to send Heidi to school.

As Heidi was running around one sunny March morning, she fell down, frightened. In front of her stood an old gentleman dressed in black.

"Don't be afraid of me," said the gentleman. "You must be Heidi. Where is your grandfather?"

"He is sitting by the table," Heidi informed* him as she opened the door. He was the old village pastor* from Dörfli, who had been a neighbor of Uncle's when he lived down there. He stepped inside the hut.

"I have come today to talk over something with you," said the pastor to Grandfather.

"Heidi, go off to the goats," said her grandfather. Heidi ran outside.

"The child must go to school," said the pastor. "What are you thinking of doing with her?"

"I am thinking of not sending her to school," replied Grandfather.

The visitor,* surprised, looked across at the old man, who had a determined* look on his face.

"How are you going to let her grow up, then?" he asked.

"I am going to let her grow up and be happy among the goats and birds," said the

---

faithful 충실한　**schoolmaster** 교장　**intend** ~할 작정이다　**inform** 알리다, 알려 주다　**pastor** 사제, 목사　**visitor** 방문객, 방문자　**determined** 결연한, 단호한

old man. "With them, she is safe and will learn nothing evil.*"

"But the child is not a goat or a bird," said the pastor. "She is a human being.* If she learns no evil from these comrades* of hers, she will at the same time learn nothing. She cannot grow up ignorant. Next winter, she must come to school every day."

"She will do no such thing," said the old man.

"How can you decide* this?" said the pastor. "You have been around the world and learned many things."

"How can it be safe to send the child down the mountain in the ice and snow during the winter?" said the old man, becoming annoyed.* "When school finishes, the evening wind will be too strong for her to climb safely back here."

"You are quite right, neighbor," said the

pastor. "Come down into Dörfli and live there. How can you live up here alone?"

"The child is healthy," said the old man. "We are warm in the winter. The people in Dörfli hate me, and I hate them."

"No, no, it is not best for you," the pastor said as he stood up. "Come to the village and see how happy you could be if you lived there. Give me your hand and promise me that you will come and live with us again next winter."

"Thank you for caring about me," said the old man, "but I will not come down to the village next winter."

"Then God help you!" said the pastor, and he turned sadly away and went down the mountain.

During dinner, another visitor arrived. This time it was Dete. She had a fine

---

evil 나쁜, 사악한   human being 인간   comrade 동료, 동무   decide 결정하다, 결심하다   annoyed 화가 난, 불쾌한

feathered* hat on her head and a long skirt to her dress.

Grandfather looked at her but did not speak. Dete began to praise Heidi. Then she told him that she had just heard of something that would be a lucky chance* for Heidi.

"The rich relatives* of the people whom I work for have an only daughter," said Dete. "She is young and invalid.* She cannot walk and has to use a wheelchair.* She feels bored because she cannot go to school. Her father wants to find a companion for her who is pure* and innocent.* I immediately thought of Heidi. When I told the family about Heidi, they immediately agreed to take her. It will be such a wonderful chance for Heidi! She must go live with them in Frankfurt."

"Have you finished what you had to say?" said Alm-Uncle.

"Don't you care about Heidi?" said Dete.

"You can take your good news to someone else," he said.

"The child is now eight years old and knows nothing, and you will not let her learn," said Dete. "You will not send her to church or school. I am responsible for* what happens* to her. How could you not give her this chance? Everyone in Dörfli agrees with me. If we go to court,* you will lose her."

"Be silent!" cried Alm-Uncle. "Go! Never let me see you again with your hat and feather."

With that, he strode* out of the hut.

"You have made Grandfather angry," said Heidi angrily.

"He will soon be all right again," said

---

feathered 깃털 장식이 있는 chance 기회 relative 친척 invalid 병약한
wheelchair 휠체어 pure 순수한, 순전한 innocent 때 묻지 않은, 천진난만한
be responsible for ~에 대해 책임이 있다 happen 일어나다, 생기다 go to court 재판에 가다, 법정에 가다 stride 큰 걸음으로 걷다

Dete. "Come now."

"I am not coming," said Heidi.

"Don't be so stupid* like a goat," said Dete. "Your grandfather is angry and doesn't want to see you. If we go to Frankfurt, when we come back again he will be happy again."

Dete took the child by the hand, and so they went down the mountain together. As Dete and Heidi neared* Grandmother's hut, they met Peter.

"Where are you going, Heidi?" he asked.

"I am only just going over to Frankfurt for a little visit with Dete," she replied. "I must say goodbye to Grandmother."

"No, no, you must not stop to talk," said Dete. "You can go in when you come back." She pulled the child away from the hut. She was afraid that Heidi would change her mind and not want to go if she talked to Grandmother. Peter ran into the hut and hit the table loudly.

"What is the matter?" cried the frightened old woman.

"She is taking Heidi away," explained Peter.

"Who? Where?" asked his grandmother, but she had heard that Dete was coming to take Heidi earlier that day. "Dete, do not take the child away from us!"

"Grandmother is calling," Heidi cried as she struggled. "I must go to her."

Dete thought that if Heidi could see how delightful it was in Frankfurt, she would not wish to go back to the mountain. Dete told her that she could buy a present for Grandmother in Frankfurt, so Heidi relaxed* and decided she wanted to go again. They were nearing Dörfli. The people in the village asked a

---

stupid 어리석은　**near** 가까이 다가가다, 접근하다　**relaxed** 안도한, 안심한

lot of questions, but Dete did not stop to talk. Heidi ran through the village eagerly, thinking of buying presents for Grandmother.

After Heidi left, everyone said that Alm-Uncle looked more angry and unhappy than before. The villagers became more afraid of him. He no longer visited Grandmother. She became sad and wondered if she would ever see Heidi again.

A New Chapter about New Things

하이디는 데테 이모에게 이끌려 프랑크푸르트에 도착한다.
이곳에 사는 제제만 씨의 딸 클라라의 말동무로 온 것이다.
하이디는 곧 알프스의 집으로 돌아가는 줄 알고 있지만,
하이디를 기다리는 현실은 이와 다르다.

In her home at Frankfurt, Clara, the little daughter of Mr. Sesemann, was lying on the couch, where she spent her whole day. She was in a room called the study,* where she had her school lessons. Clara's

---

study 서재

little face was thin and pale.* She was watching the clock, waiting.

The housekeeper,* also sitting in this room, looked very serious. After his wife died many years ago, Mr. Sesemann put the housekeeper,* Miss Rottenmeier, in charge of* taking care of* the house. He was often away from home.

Dete and Heidi arrived at the front door. They rang the bell and Sebastian, the butler,* came downstairs. He looked astonished when he saw her, but he and the maid,* Tinette, brought them upstairs to the study.

Dete stood politely* near the door. Miss Rottenmeier rose slowly and went up to the little new companion for the daughter of the house. She did not seem very pleased with her appearance.* Heidi was dressed in her plain* clothing.

"What is your name?" asked Miss

Rottenmeier.

"Heidi," she answered.

"What's your real name?" continued Miss Rottenmeier.

"I do not remember," replied Heidi.

"Dete, is the child stupid or just rude*?" said Miss Rottenmeier.

"She is not stupid or rude," said Dete. "Today is her first time in a gentleman's house, and she does not know good manners. However, she can learn quickly. Her real name is Adelaide."

"She is so young," said Miss Rottenmeier. "I told you that I wanted a child close to* Clara's age. Clara is more than twelve now. What books have you learned from?"

"None," said Heidi. "I have never

---

pale 창백한, 파리한　housekeeper 가옥 관리인　in charge of ~을 맡고 있는, 담당의　take care of ~을 돌보다　butler 집사　maid 하녀, 가정부　politely 공손히, 예의 바르게　appearance 외양, 겉모습　plain 소박한, 수수한　rude 무례한　close to ~에 가까운

learned to read, or Peter, either."

"Young woman," said Miss Rottenmeier, "how could you think of bringing me a child like this?"

"The child is exactly what I thought you required,*" said Dete. "She is not like other children. I must go, but I will come back soon to visit."

Dete quickly left the room and ran downstairs. Miss Rottenmeier ran after Dete to argue* with her about Heidi.

"Come here!" Clara said to Heidi. "Are you pleased to come to Frankfurt?"

"No, but I shall go home tomorrow," explained Heidi.

"Well, you are a funny child!" exclaimed Clara. "You must have lessons with me. You will have fun because you don't know how to read. It's terribly boring for me. But now it will be much more amusing,* for I shall be able to lie and listen while you learn to read."

Heidi shook her head doubtfully* when she heard of learning to read.

"Heidi, you must learn to read," said Clara. "My tutor* is very kind, and he will explain everything to you."

Miss Rottenmeier now came back into the room. Dete had run too fast and she could not catch her. Sebastian had thrown open the doors leading into the dining room. Heidi was staring at him.

"What is it?" he asked her angrily.

"You look like Peter," answered Heidi.

The housekeeper became upset.* How could the child talk to servants like they were her friends? They all went into the dining room and sat at the table. There was a white bread roll on Heidi's plate.*

---

require 필요로 하다, 요구하다   argue 언쟁하다, 말다툼하다   amusing 재미나는, 우스운   doubtfully 의심스럽게, 반신반의로   tutor 가정교사   upset 화가 난, 당혹하는   plate 접시

"Can I have it?" she asked. Sebastian nodded. Heidi immediately grabbed the roll and put it in her pocket. Sebastian had to hide his laughter.*

"Adelaide, I see I shall have to teach you manners," said Miss Rottenmeier. She told Heidi how she should act at the table. "Finally, you are not to speak to Sebastian at table, or at any other time, unless you want him to do something or you need something. It is the same with Tinette, and for myself." Then followed a long list of rules* for general* behavior.* Heidi's eyes slowly closed, and she fell asleep.

"Heidi has been asleep for ever so long," said Clara, amused.

"What am I going to do with this difficult child?" thought Miss Rottenmeier, annoyed.

Chapter 07

Miss Rottenmeier Spends an Uncomfortable* Day

제제만 씨의 가옥 관리인 로텐마이어 양은 하이디가 못마땅하다.
그녀는 하이디가 어리고 교육을 받지 못한 시골뜨기인 것에 경악한다.
산과 할아버지가 그리운 하이디는 옛 마을과 같은 광경을 보려고
근처의 가장 높은 종탑을 찾아간다.

When Heidi opened her eyes on her first morning, she felt like a bird in a cage* behind those great curtains covering the windows. At that moment, a knock came to the door.

---

laughter 웃음 **rule** 규칙, 규정 **general** 일반의, 총체적인 **behavior** 행동, 행실 **uncomfortable** 불편한 **cage** 새장, 우리

"Breakfast is ready," said Tinette.

Heidi didn't know what to do, so she waited in her room. Finally, the housekeeper came into her room and made her come to breakfast. Clara gave Heidi a kindly greeting. She looked happier than usual.* Heidi ate her bread and butter in a perfectly correct* manner. When the meal was over, Miss Rottenmeier told her to follow and remain with Clara until the tutor arrived. Clara now began to ask her questions about her home.

Meanwhile, her tutor had arrived. Miss Rottenmeier, however, first talked to him about her trouble* with Heidi. She complained* to the tutor that the child didn't even know how to read. She wanted the tutor to tell Clara's father that it was impossible for the two to learn together. Then she could send Heidi away.

The tutor didn't agree with her, so she stopped talking to him. He went to teach the children while she thought about what to do with Heidi. Suddenly, she heard a loud noise from the room. She rushed* into the room. On the floor, the books and the ink were in a mess.* Heidi had disappeared.

"Heidi made this mess, I suppose!" exclaimed Miss Rottenmeier. Clara seemed amused.

"Yes, Heidi did it," she explained. "It was an accident. She heard carriages* and jumped to the window to look at them."

"She does not understand anything!" cried Miss Rottenmeier. "Where is she?" She ran out of the room and down the stairs. There was Heidi, looking in

---

than usual 평소보다   correct 옳은, 틀림없는   trouble 불편, 성가심
complain 불평하다, 투덜거리다   rush 돌진하다, 서두르다   mess 뒤죽박죽, 엉망진창   carriage 사륜마차

amazement up and down the street.

"What are you doing?" asked Miss Rottenmeier.

"I heard the sound of the fir trees," answered Heidi, "but I cannot see where they are."

"Do not do this again," said Miss Rottenmeier, pointing to the floor. "During your lesson time, you must sit."

"Yes," replied Heidi. Now she understood that it was a rule to sit still while she was being taught.

The tutor ended* the lessons for the day and went home. Clara had to rest* during the afternoon. While Clara rested, Heidi looked for Sebastian. Heidi greeted him very politely.

"What is it you want, miss?" said Sebastian.

"I only wished to ask you something," said Heidi, feeling anxious and sorry for making a mess that morning.

"What was it little miss* wished to ask?" said Sebastian.

"How can a window be opened?" said Heidi.

"Like this!" Sebastian said as he threw open one of the large windows. "There, now miss can look out and see what is going on below," said Sebastian.

"There is nothing outside but* the stony streets," she said sadly. "Where can I go to see over the whole valley?"

"You would have to climb to the top of that high tower over there," said Sebastian.

Heidi quickly ran to the door, down the steps, and out into the street. She did not know how to get to the tower. Then, suddenly, at one of the street corners, she saw a boy standing, carrying a funny-

---

end 끝내다 **rest** 쉬다, 휴식을 취하다 **miss** 처녀, 아가씨 **but** ~ 외에, ~을 제외하고

looking animal on his arm.

"Where is the tower with the gold bell on the top?" she asked him.

"I don't know," he replied.

"Do you know any other building with a high tower?" said Heidi.

"Yes, I know one," said the boy.

"Come then and show it me," said Heidi.

"Show me first what you will give me for it," said the boy as he held out his hand.

"There," said Heidi, holding out the card, "would you like to have that?"

The boy drew back* his hand and shook his head.

"What would you like, then?" asked Heidi.

"Money," said the boy.

"I have none, but Clara has," said Heidi. "I am sure she will give you some."

They started off together along the

street. Soon they found themselves in front of an old church with a high tower. Heidi saw a bell in the wall which she now pulled with all her strength.*

"If I go up, you must stay down here, for I do not know the way back," said Heidi. "You will have to show me."

"You must give me more money," he answered.

Heidi agreed. An old man came out and at first looked with surprise and then in anger at the children.

"Why did you ring* the bell?" he said. "You can only ring it if you want to go up to the tower."

"But I do want to go up the tower," said Heidi.

"Well, if you really wish it so much, I will take you," said the old man.

---

draw back 뒤로 빼다   with all one's strength 온 힘을 다해   ring 울리다

Hand in hand with* the old man, Heidi went up the many steps of the tower until they reached the top. There, Heidi saw beneath* her a sea of roofs, towers, and chimneys.* It was not what Heidi wanted to see. As they came down the stairs, Heidi saw a large basket, in front of which sat a big gray cat. She hissed* a warning.* Heidi was astonished to see a cat so big.

"She will not hurt you while I am near," said the old man. "You can see her kittens.*"

Seven or eight kittens played in the basket.

"Would you like to take them home?" said the old man.

"Clara would love the kittens!" said Heidi.

"I will take them to your house for you if you tell me which house you live in," said the old man.

"To Mr. Sesemann's," explained Heidi.

"I know the house," he said.

"Can I just take one or two right now?" asked Heidi.

"Well, wait a moment," said the man as he put the mother cat in another room. "Now take two of them."

She picked up a white kitten and another striped* white and yellow, and put one in the right and the other in the left pocket. Then she went downstairs.* The boy was still sitting outside on the steps. He showed her the way home.

"Hurry up, little miss," said Sebastian when he opened the door. "Go straight into the dining room. They are going to eat."

Heidi walked into the room. Miss

---

hand in hand with ~와 손을 잡고 beneath ~의 바로 밑에 chimney 굴뚝 hiss 쉿 하는 소리를 내다 warning 경고 kitten 새끼 고양이 striped 줄무늬가 있는 downstairs 아래층으로

Rottenmeier did not look up. Clara did not speak.

"I will speak with you afterward,* Adelaide," Miss Rottenmeier said after Heidi sat down. "You behaved* terribly. You left without permission* and came back late."

"Miau*!" came the answer back.

"Are you joking?" said Miss Rottenmeier.

"I really did not...."

"Miau! Miau! Miau!"

"But, Heidi, why do you keep on* saying 'miau'?" said Clara.

"It isn't I," said Heidi. "It's the kittens."

"What?" screamed Miss Rottenmeier. "Sebastian! Tinette! Take them away!"

She ran to the study and locked* the door to hide from the kittens. Sebastian had to wait a few moments outside the dining room and make himself stop laughing before he could take the kittens away. When he went back inside,* he saw Clara with the kittens on her lap.

"Sebastian, you must find a bed for the kittens where Miss Rottenmeier will not see them," said Clara. "Where can you put them?"

"I will make a bed in a basket and put it in some place where the lady will not go," said Sebastian. He was secretly* happy that the lady was upset.

"Have you taken those dreadful* little animals away, Sebastian?" the lady asked after some time had passed. He told her that he had taken them away, but they were still sleeping in the house.

---

afterward 나중에 **behave** 행동하다 **permission** 허락, 허가 **miau** 야옹(고양이 우는 소리) **keep on -ing** 계속해서 ~하다 **lock** 잠그다 **inside** 안으로 **secretly** 몰래, 은밀히 **dreadful** 끔찍한, 무시무시한

Chapter 08

The Great Commotion[*]

하이디와 클라라가 수업을 받는 동안 두 사람이 찾아온다.
하이디를 종탑까지 안내해 주었던 소년이 약속한 대가를 받으러 왔고
종탑지기는 새끼 고양이들을 전달해 주러 온 것이다.

Sebastian had just shown the tutor into the study on the following morning when he heard the doorbell[*] ring. He pulled open the door, and there he saw a poor little boy carrying a hand organ[*] on his back.

"What's the meaning of this?" said

Sebastian angrily.

"I want to see Clara," answered the boy.

"You dirty, good-for-nothing little rascal,*" said Sebastian coldly, "what do you want?"

"She owes* me money," explained the boy.

"You must be crazy," said Sebastian. "Clara cannot walk or leave the house. How can she owe you money?"

"But the girl with curly black hair told me to ask Clara for money," said the boy.

"I understand now," said Sebastian. "Come with me and wait outside the door till I tell you to go in. Play your organ when you come inside the room."

Sebastian knocked on the study door, and a voice said, "Come in."

"There is a boy outside who says

---

commotion 소동, 소요 doorbell 초인종 hand organ 손으로 돌리는 풍금
rascal 악당, 녀석 owe 빚지고 있다

he must speak to Miss Clara herself," Sebastian announced* inside the room.

Clara was delighted.

"Let him come in immediately," replied Clara.

The boy began to play inside the room. Miss Rottenmeier thought she heard noise coming from the room. She followed the noise into the study. There stood a poor-looking boy playing his organ. The children were ignoring* the tutor and listening to the music.

"Get out!" screamed Miss Rottenmeier. She saw something on the ground crawling* toward her feet—a tortoise.* She jumped high and screamed. The organ player suddenly stopped.

"Take them both out, boy and animal!" she commanded* Sebastian who had been laughing. Sebastian pulled the boy away and took him outside. Sebastian gave him his money.

The study became quiet again as Miss Rottenmeier watched the children's lesson from the doorway.* But soon another knock came to the door. This time someone came with a basket for Miss Clara.

"Bring it to me!" she said full of curiosity and excitement.*

"Wait until after your lesson," warned* the tutor. Suddenly, five kittens fell out of the basket. They jumped over the tutor's boots, bit at his pants, climbed up Miss Rottenmeier's dress, and jumped up on to Clara's couch. Clara and Heidi were delighted. Miss Rottenmeier was frightened that the dreadful little animals would jump upon her.

---

announce 큰 소리로 알리다, 소식을 전하다 **ignore** 무시하다, 모르는 체하다 **crawl** 기어가다, 기다 **tortoise** 남생이, 거북 **command** 명령하다 **doorway** 문간 **excitement** 흥분 **warn** 경고하다

"Tinette! Sebastian!" she cried. They came and gathered up the kittens and took them away. Later that evening, Miss Rottenmeier discovered* that Heidi was the cause* of both problems that day.

"Adelaide, I will make sure that you will never do something like this again," she said in a serious voice. "I will put you in a dark cellar* with the rats* and black beetles.*" Heidi was not upset. She had never met rats or beetles and thought this idea sounded fun.

"No, no, Miss Rottenmeier," cried Clara. "You must wait till Papa comes. He will say what is to be done with Heidi."

Miss Rottenmeier could not do anything against this superior* authority.*

"As you will," said Miss Rottenmeier, "but I will talk to Mr. Sesemann."

With that, she left the room.

Two days now went by with no

problems. To Miss Rottenmeier, however, it seemed to her that ever since Heidi had come into the house, everything had become disordered.* Clara had grown much more cheerful,* for Heidi was always joking or playing during lessons. She could not learn her alphabet and only talked about her mountain life. She always said she wanted to go home, but Clara told Heidi that she must wait till her father returned.

After dinner, Heidi had to sit alone in her room because she was forbidden* to play outside or talk to Sebastian while he was working. So Heidi had a lot of time to remember her old home. When she heard that Dete was going to visit, she packed* all of her stuff* and went to meet her. She

---

discover 발견하다 **cause** 원인 **cellar** 지하실 **rat** 쥐 **beetle** 갑충, 딱정벌레 **superior** 상위의 **authority** 권위 **disordered** 뒤죽박죽된, 난잡한 **cheerful** 유쾌한, 명랑한 **forbid** 금지하다, 허락하지 않다 **pack** 꾸리다, 싸다 **stuff** 소지품, 가재도구

would ask her to take her home.

"Where do you think you are going?" said Miss Rottenmeier when she saw Heidi walking down the steps with all of her things.

"I'm going home," said Heidi, frightened.

"What are you talking about?" said Miss Rottenmeier. "And what is the matter with this house? You have more than you deserve.* Have you ever had such a nice house to live in, so much food, or servants?"

"No," replied Heidi.

"You have everything you could possibly want here," said Miss Rottenmeier.

"I only want to go home," said Heidi. "If I stay so long away, Snowflake will begin crying again, and Grandmother is waiting for me."

"The child is crazy!" cried Miss Rottenmeier. "Bring her inside, Sebastian." She turned and went to her room.

"Did you get into trouble* again?" asked Sebastian in a cheerful voice.

Heidi now began climbing the stairs slowly. Sebastian felt quite sad as he watched her, and as he followed her up, he kept trying to encourage her.

At supper that evening, Miss Rottenmeier did not speak, but she watched Heidi and waited for her to make trouble. Heidi quietly ate.

When the tutor arrived the next morning, Miss Rottenmeier spoke to him privately.* She thought that the child was crazy. The tutor thought she was a little strange, but with an education,* she would become normal.*

---

deserve ~할 만하다 **get into trouble** 말썽이 나다 **privately** 남몰래, 은밀히 **education** 교육 **normal** 정상적인

Miss Rottenmeier then spoke to Clara. She asked her to lend* Heidi some clothes so that she would look more normal when Clara's father arrived. Clara agreed. So Miss Rottenmeier went upstairs* to throw out Heidi's old clothes.

"Adelaide, why do you have a whole pile of bread in your clothes?" asked Miss Rottenmeier. "Tinette, go upstairs and throw away all of that bread."

"No! No!" screamed Heidi. "I must keep the bread for Grandmother." When she was running to stop Tinette, Miss Rottenmeier grabbed her. "You will stop here."

Then Heidi began weeping.* Miss Rottenmeier ran out of the room.

"Heidi, don't be so unhappy," said Clara. "I promise you that you shall have lots of bread when you go home. Stop crying."

Heidi felt a little comforted and stopped crying.

lend 빌려 주다 **upstairs** 위층으로 **weep** 울다, 훌쩍이다

Chapter 09

Mr. Sesemann Hears of Things that Are New to Him

클라라의 아버지 제제만 씨가 돌아온다.
로텐마이어 양은 제제만 씨에게 하이디에 대한 부정적인 의견을 밝히지만
제제만 씨는 천진난만한 하이디를 보고 마음에 들어 한다.

A few days later, Mr. Sesemann returned. He had brought back many pretty presents. Father and daughter greeted each other warmly.

"And this is our little Swiss girl," he said to Heidi. "Are Clara and you good friends?"

"Clara is always kind to me," answered Heidi.

"I am glad to hear it," said Mr. Sesemann. "But you must excuse* me, Clara, for I want my dinner."

He went into the dining room, where Miss Rottenmeier was sitting. She looked upset.

"What is the matter?" said Mr. Sesemann. "Clara seems cheerful."

"We had decided, as you remember, to get a companion for Clara," said Miss Rottenmeier. "I knew you felt anxious, so I tried to find a pure and innocent child. However, it seems that the little Swiss girl is not what we expected."

"I see nothing wrong with the child," said Mr. Sesemann quietly.

"I think she may be crazy," said Miss

---

excuse 용서하다, 참아 주다

Rottenmeier.

Mr. Sesemann began to wonder if there was a serious problem with Heidi. At that moment, the door opened because the tutor had arrived.

"Now tell me what is the matter with Heidi," he told the tutor. "Is she really crazy?"

"Well, she doesn't seem to understand normal society* because of her past," replied the tutor.

"Excuse me, my dear sir," Mr. Sesemann stopped him from speaking anymore and left the room. He sat down beside his daughter in the study.

"Little one, get me a glass of water, please," he said to Heidi. Heidi disappeared immediately.

"And now, my dear little Clara, tell me, why does Miss Rottenmeier think that Heidi is crazy?" asked Mr. Sesemann.

She told her father everything about the tortoise and the kittens and explained to him what Heidi had said the day Miss Rottenmeier had been frightened.

"So, you do not want me to send the child home again?" he asked, while laughing.

"Please do not send her away," said Clara. "Time has passed much more quickly since Heidi came here."

"That's all right then...and here comes your little friend," he said as Heidi handed* him a glass.

That evening, when Mr. Sesemann and Miss Rottenmeier were alone, he informed her that he intended to keep Heidi.

"You shall treat* the child kindly," said Mr. Sesemann, "and don't get angry at her for being strange. My mother is coming

---

society 사회 **hand** 건네다 **treat** 대우하다, 다루다

soon if you need help with the children."

Mr. Sesemann left for Paris again before two weeks had passed. Clara was sad to lose her father but overjoyed* that her grandmother was coming. Heidi also began to call her Grandmamma. Before the woman arrived, Miss Rottenmeier warned her that she should only call her madam.

Chapter 10

Another Grandmother

클라라의 아버지가 떠난 후 클라라의 할머니가 방문한다.
클라라의 할머니는 하이디에게 그림책을 주고 기도하는 법을 가르쳐 준다.
하이디는 클라라의 할머니 덕분에 글을 배울 수 있었지만
알프스 산과 할아버지에 대한 그리움을 남몰래 삭이며 슬픈 나날을 보낸다.

There was much expectation* and preparation* about the house on the following evening. It was easy to see that everyone respected* the woman. Miss Rottenmeier watched everything very

---

overjoyed 매우 기쁜 **expectation** 기대, 예상 **preparation** 준비
respect 존경하다

carefully and arrogantly.* And now the carriage came driving up to the door. Heidi was very nervous.* After Miss Rottenmeier yelled at* her, she did not want to make a mistake. When the woman arrived, she asked to see Heidi.

"Good evening, Mrs. Madam," Heidi said when she walked up to her.

"Well!" said the grandmother, laughing. "When I am with the children, I am always Grandmamma. You won't forget that name, will you?"

"No, no," Heidi said. Then she looked more closely* at Heidi, and the child looked back at her with serious eyes. There was something kind about this woman that pleased Heidi.

When on the following day Clara was resting as usual on her couch, Grandmamma went to Miss Rottenmeier's room.

"Where is the child, and what is she doing all this time?" said Mrs. Sesemann.

"She is sitting in her room, where she cannot make trouble," said Miss Rottenmeier.

"Go and get the child and bring her to my room," said Mrs. Sesemann. "I have some pretty books with me that I should like to give her."

"She won't like books," said Miss Rottenmeier. "It has been impossible* to teach her to read."

"That is very strange," said Mrs. Sesemann. "However, bring her to me now. She can at least* amuse herself* with the pictures in the books."

Heidi now appeared* and gazed with wonder at the beautiful colored pictures

---

arrogantly 거만하게 **nervous** 신경과민의, 신경질의 **yell at** ~에게 큰 소리를 지르다 **closely** 면밀히, 자세히 **impossible** 불가능한 **at least** 적어도, 최소한 **amuse oneself** 즐거워하다 **appear** 나타나다, 출현하다

in the books which Grandmamma gave her to look at. All of a sudden, she saw a picture of a beautiful green field with goats and goatherd. Heidi began to weep.

"Don't cry, dear child," she said. "How do you like school? Are you learning a lot?"

"No!" replied Heidi, sighing.* "I can't read. Peter told me it was impossible to learn to read."

"Heidi, you must not always listen to Peter," said Mrs. Sesemann. "You can learn to read in a very little while, as many other children do. As soon as you are able to read, I will give you this book."

"Oh, if only I could read now!" cried Heidi.

"It won't take you long now to learn," said Mrs. Sesemann. Hand in hand, the two returned to the study.

Heidi had finally realized* that she was

not going to go home. She was afraid to tell anyone how much she wanted to go home because she thought they would become angry with her.

As time passed in Frankfurt, she began to eat less and less. When she was alone at night, she cried.

"Now tell me, Heidi. What is the matter?" Mrs. Sesemann asked Heidi. "Are you in trouble?"

"I can't tell you or anyone else," said Heidi.

"That is the reason, Heidi, that you are so unhappy," said Mrs. Sesemann. "You know no one who can help you. You must pray* sometimes, and you will feel comforted."

Heidi immediately liked this idea. She told God about everything that was

---

sigh 한숨 쉬다, 탄식하다 **realize** 깨닫다 **pray** 빌다, 기원하다

making her so sad and unhappy. She asked him to let her go home to her grandfather. It was about a week after this that the tutor asked to speak with Mrs. Sesemann.

"Has the child Heidi really learned to read at last?" asked Mrs. Sesemann.

"It is amazing*!" cried the tutor. "I had decided to stop trying to teach her because it seemed impossible. But suddenly overnight* she has learned to read correctly.*"

After parting with* the tutor, she went down to the study to make sure of the good news. There was Heidi, sitting beside Clara and reading aloud to her. That same evening, Heidi found the large book with the beautiful pictures lying on her plate.

"I can take it home with me?" said Heidi.

"Yes, of course," said Mrs. Sesemann.

"But you are not going home yet, Heidi, not for years," said Clara.

Heidi went to her room and was delighted by reading all of the stories in the book, but Clara's words made her feel great sorrow.

---

amazing 놀랄 만한, 굉장한 **overnight** 하룻밤 사이에 **correctly** 바르게, 정확하게 **part with** ~와 헤어지다

Chapter 11

Heidi Gains in One Way and Loses in Another

클라라의 할머니가 떠나고 향수병이 더 심해진 하이디는
식욕도 잃고 자신의 슬픈 감정을 주체할 수 없는 지경에 이른다.
하지만 하이디의 속마음을 모르는 다른 사람들은 하이디를 도와줄 수 없다.

Every afternoon during her visit, Mrs. Sesemann played with Heidi while Clara rested in the afternoons. They made clothes and read stories. But still Heidi never looked really happy. It was the last week of Mrs. Sesemann's visit.

"Now, child, tell me why you are not

happy," Mrs. Sesemann said.

"God does not listen," Heidi said, annoyed. "I understand that he is busy, but I have prayed for the same thing every day for weeks, and still God has not done what I asked."

"You are wrong, Heidi," said Mrs. Sesemann. "You must not think of Him like that. God is a good father to us all. He knows what is best for all of us. He will help you learn happiness on your own. He will make everything right and happy for you."

Heidi understood Mrs. Sesemann and decided to keep praying. The sad day of Mrs. Sesemann's departure* came. But Mrs. Sesemann was determined to make it a happy day. She amused them all day so much that they had no time to think about

---

departure 출발

their sorrow.

The next day, Heidi began to eagerly read to Clara. However, she started to read a story about a dead grandma and began crying because she missed* her grandmother in the mountains. She became afraid that her grandmother and grandfather might die while she was in Frankfurt.

"Now, Adelaide, stop crying," Miss Rottenmeier told her. "If you keep doing this, I will take your book away."

Heidi immediately stopped crying. Her book was her greatest treasure*! Because of her sorrow,* she stopped eating. She looked so pale and thin that Sebastian was quite unhappy when he looked at her. He tried to convince* her to eat, but she would not.

And so many weeks passed away. Heidi did not know whether it was winter or summer. When she went outside, all she saw was crowds of people and houses. When she was alone, she dreamed of her mountain home.

---

miss 그리워하다   **treasure** 보물, 재보   **sorrow** 슬픔   **convince** 확신시키다, 설득시키다

Chapter 12

A Ghost in the House

제제만 씨의 집에 유령이 출몰한다는 소문이 돈다.
로텐마이어 양은 제제만 씨에게 편지를 써서 돌아와 달라고 부탁한다.
제제만 씨와 그의 친구인 의사가 경계를 서서 유령을 잡는데,
그 유령이라는 것은 향수병이 몽유병으로까지 발전한 하이디이다.

For some days, the servants at the house did not like to walk around alone. Something very strange and mysterious* was going on in Mr. Sesemann's house. Every morning, when the servants went downstairs, they found the front door wide open. However, there was no one there who could have opened it.

Finally, Miss Rottenmeier convinced John and Sebastian to stay up all night* and see who opened the door. At midnight that night, Sebastian woke himself and his companion up, who was not easy to wake. Sebastian began to listen more carefully. Everything was as quiet as a mouse. Finally, John woke up, too.

"Come, Sebastian, we must go outside and see what is going on," he said, acting courageous.

They opened the door, and a gust* of air blew in and blew out the candles. When Sebastian lit* the candles again, he looked at John who was white with fear.

"What happened?" asked Sebastian.

"There was a white figure standing at the top of the stairs, and then it

---

mysterious 불가사의한 stay up all night 밤을 꼬박 새다 gust 질풍, 돌풍
light 불을 켜다

disappeared."

The two sat down close to each other and were too afraid to move again till the morning broke, and the streets began to be alive again. They told Miss Rottenmeier what happened. She wrote a letter to Mr. Sesemann about the frightening things going on at home. She asked him to return home as soon as possible.

Mr. Sesemann answered that he could not return home because of his business. He told Miss Rottenmeier to write to his mother. She wrote to Mrs. Sesemann next. She responded by telling Miss Rottenmeier that she did not believe in ghosts.* She thought the woman was being ridiculous.

Miss Rottenmeier, however, was determined not to pass any more days feeling fear. She had not said anything yet to the children about the ghost because she did not want to have to comfort them if they became afraid.

But now, in a low mysterious voice, she told the two children everything. Clara immediately screamed out that she and Heidi could not be alone. She wanted Miss Rottenmeier to sleep in her room, and she wanted her father to come home. Miss Rottenmeier had Clara's bed moved to her room. Heidi was not afraid of ghosts and decided to sleep alone.

Miss Rottenmeier now sat down to write another letter to Mr. Sesemann. If Clara was afraid, her poor health would become worse. Two days later, Mr. Sesemann stood at his front door and rang the bell impatiently.* After coming inside, Mr. Sesemann quickly found his daughter. She did not look unhealthy.* In fact, she

---

ghost 유령 impatiently 초조하게, 참을성 없이 unhealthy 건강하지 못한

seemed delighted to see her father.

"Come here, lad,*" he said as Sebastian appeared. "Tell me frankly,* have you been playing at being ghosts to scare* Miss Rottenmeier?"

"No," answered Sebastian. "I am very uncomfortable, too."

"Well, if that is so, I want you to call my friend, the doctor," said Mr. Sesemann. "I shall want him to spend the night here. We will show you all that this ghost is nothing to worry about. You understand?"

"Yes, sir," said Sebastian.

At nine o'clock, after the children and Miss Rottenmeier had gone to bed, the doctor arrived. He was a gray-haired* man with a fresh face, and two bright, kindly eyes. He looked anxious as he walked in, but when he saw his old friend, he laughed at the situation.*

So Mr. Sesemann told him about

how the front door was nightly* opened by somebody. He had prepared two revolvers* to use in case* the nightly visitor was a dangerous thief. The two waited with a bottle of wine and two candles.

They talked about old times, so twelve o'clock came quickly. One o'clock struck. There was not a sound about the house nor in the street outside. Suddenly, the doctor lifted his finger.

"Hush!" whispered the doctor. "Sesemann, don't you hear something?"

They both listened, and they heard the bar* softly pushed aside and then the key turned in the lock* and the door opened. Mr. Sesemann put out his hand for his revolver. Grabbing* one of the lights in his other hand, he followed the doctor. They

---

lad 젊은이, 청년 frankly 솔직히, 숨김없이 scare 깜짝 놀라 주다, 위협하다
gray-haired 백발의 situation 상황, 상태 nightly 밤마다, 밤의 revolver 연발 권총 in case (that) ~하는 경우에 bar 빗장, 가로장 lock 자물쇠
grab 붙잡다

stepped into the hall. The moonlight* was shining in through the open door and fell on a white figure standing in the doorway.

"Who is there?" shouted the doctor.

It turned and gave a low cry. There in her little white nightgown* stood Heidi, staring with wild eyes at the lights and the revolvers and shaking.* The two men looked at each other in surprise.

"Child, what does this mean?" said the doctor. "What did you want? Why did you come down here?"

"I don't know," Heidi answered, terrified.*

"It's all right," the doctor said as he put down his revolver and gently* took the child upstairs. "Don't be frightened." He put her in bed and waited for her to stop being scared.

"Where were you going?" he asked her finally.

"I did not want to go anywhere," said Heidi. "I did not know I went downstairs."

"I see," said the doctor. "Have you been dreaming about something?"

"Yes, I dream every night," said Heidi. "I think I am back with my grandfather, and I hear the sound in the fir trees outside. I see the stars shining so brightly. But when I wake, I am still in Frankfurt."

"I see," said the doctor, "and then do you want to cry?"

"Oh, no, I mustn't," cried Heidi. "Miss Rottenmeier forbade me to cry."

"Are you happy here in Frankfurt?" asked the doctor.

"Yes," was the low answer, but it sounded more like "No."

"And where did you live with your grandfather?" asked the doctor.

---

moonlight 달빛 **nightgown** 잠옷 **shake** 벌벌 떨다 **terrified** 겁먹은, 겁에 질린 **gently** 다정하게, 부드럽게

"Up on the mountain," replied Heidi. The doctor stood up and laid her head kindly down on the pillow.*

"There, there, go on crying and then go to sleep," said the doctor. "It will be all right tomorrow."

Then he left the room and went downstairs to Mr. Sesemann.

"Sesemann, let me first tell you that she is a sleepwalker,*" said the doctor. "Secondly, the child is homesick.* She has become a skeleton* because she is so upset and must go home immediately."

Mr. Sesemann had stood up and then walked up and down the room, feeling concern.*

"What?" he exclaimed. "How could this happen in my house? Make her healthy. I can't send her home to her grandfather if she is sick."

"Sesemann, consider* what you are

doing!" said the doctor. "She can't be cured* with medicine.* She must go home."

Mr. Sesemann stood still.* The doctor's words were a shock* to him. However, he agreed to listen to the doctor's advice.*

---

pillow 베개 sleepwalker 몽유병자 homesick 향수병의 skeleton 골격, 해골 concern 걱정, 근심 consider 고려하다, 생각하다 cure 치료하다, 치유하다 medicine 약 still 가만히, 조용히 shock 충격, 쇼크 advice 충고, 조언

A Summer Evening on the Mountain

놀란 제제만 씨는 의사의 충고에 따라
하이디를 즉시 집으로 돌려보내기로 한다.
아쉬워하는 클라라와 작별하고 하이디는 알프스의 집으로 향한다.

Mr. Sesemann, annoyed and excited, went quickly upstairs to Miss Rottenmeier's room.

"Please get up quickly and come downstairs to meet me," he told her. "We have to make a journey immediately." He woke up the other servants as well,* but

Miss Rottenmeier was the last to arrive downstairs. He told them to immediately pack up all of Heidi's things and some of Clara's as well.

Miss Rottenmeier stared in astonishment at Mr. Sesemann. She was looking forward to hearing about a ghost story. She took some time to get over* her surprise and disappointment* and continued standing, awaiting* more explanation.

But Mr. Sesemann went to speak to Clara. He sat down and told her everything. For her health and safety, they had decided to send Heidi home immediately. Clara was very upset to lose Heidi, but she felt better when her father promised her that they could visit Switzerland next summer.

---

as well 또한, 역시 **get over** 극복하다, 회복하다 **disappointment** 실망, 낙담 **await** 기다리다

Meanwhile, Dete had arrived and was waiting in the hall. She felt disappointed that Heidi was going home and made an excuse to not go with them. Mr. Sesemann understood that she didn't want to go, and so dismissed* her. Then he sent for Sebastian and told him to get ready to go. He was to travel with the child for two days to her home.

"One last thing," Mr. Sesemann told his servant. "Make sure you close and lock the windows in the hotel at night, so even if she sleepwalks,* she can't leave the room."

"Oh, she was the ghost?" exclaimed Sebastian.

"Yes, she was!" said Mr. Sesemann. "You and John are cowards,* and the whole household* is a pack* of idiots.* Where is the child?" Heidi was brought to the room. She looked confused.*

"You are going home today," he told

the girl. Heidi could not swallow* her breakfast because she was so excited. She thought she would find out that she was dreaming again! Heidi visited Clara's room. Clara showed her the things that she packed for her.

"And look here," she added,* as she triumphantly* held up a basket. Heidi jumped for joy, for inside it were twelve beautiful round white rolls,* all for Grandmother. When it was time to go, Heidi ran to her room to get her book, red shawl,* and hat. Miss Rottenmeier was waiting at the top of the stairs to say goodbye to her. When she saw her red shawl, she took it out of the basket and threw it on the ground.

"No, no, Adelaide," she exclaimed. "You

---

dismiss 퇴거시키다, 내쫓다 **sleepwalk** 잠자면서 걸어 다니다 **coward** 겁쟁이 **household** 온 집안 식구 **pack** 무리, 일당 **idiot** 얼간이, 바보 **confused** 당황한, 어리둥절한 **swallow** 삼키다 **add** 덧붙여 말하다, 부언하다 **triumphantly** 의기양양하게 **roll** 롤빵 **shawl** 숄

cannot leave the house with that thing. What can you possibly want with it?" And then she said goodbye to the child.

"No, the child shall take home with her whatever she likes," said Mr. Sesemann.

Heidi quickly picked up her bundle* with a look of joy. As she stood by the carriage door, Mr. Sesemann gave her his hand and said he hoped she would remember him and Clara. He wished her a happy journey, and Heidi thanked him for all his kindness.

"Please say goodbye to the doctor for me and give him many, many thanks," she told him. For many hours, she sat as still as a mouse in the carriage. Only now was she beginning to realize that she was going home to Grandfather, the mountain, Grandmother, and Peter.

"Sebastian, are you sure that Grandmother on the mountain is not dead*?" she asked suddenly.

"No, no," said Sebastian. "She is sure to be alive still."

After a while, sleep fell on Heidi. Sebastian woke her up when they arrived at the hotel. The next day, they had to ride the train for a few hours. A voice on the train finally called out, "Mayenfeld."

She and Sebastian both jumped up. In another minute,* they were both standing on the platform* with Heidi's trunk. Sebastian was nervous. The journey might be full of* fatigue* and danger. He therefore looked cautiously for someone who could give them directions.*

Just outside the station, he saw a shabby-looking* little cart* and horse, which a broad-shouldered* man was loading* with heavy sacks* that had been brought by the train. He went up to him and asked which was the safest way to get to Dörfli. Then Sebastian asked him if he could take him and Heidi and her things. The man agreed to help them.

"I can go by myself," said Heidi. "I know the way well from Dörfli."

Sebastian was glad he would not have to climb the mountain. He gave Heidi a letter and a present from Mr. Sesemann and warned her not to lose them. Sebastian put her in the carriage and said goodbye to her. He felt a little bad because he knew that he should have finished the journey with her.

The carriage rolled away* in the direction of* the mountain. The driver of the car was the miller* at Dörfli and was taking home his sacks of flour.* He had never seen Heidi, but like everybody in

Dörfli, he knew all about her.

"You are the child who lived with your grandfather, Alm-Uncle, aren't you?" he asked her.

"Yes," replied Heidi.

"Didn't they treat you well in Frankfurt?" he asked.

"Yes, it was not that," said Heidi. "Everything in Frankfurt is nice."

"Then why are you running home again?" he asked.

"Because I would rather be with Grandfather on the mountain than anywhere else in the world," said Heidi.

"You will think differently* when you get back there," grumbled* the miller. Heidi's joy and longing* grew every moment. She felt as if she must jump

---

load 싣다 sack 부대, 자루 roll away 굴러가다 in the direction of ~의 방향으로 miller 제분업자, 방앗간 주인 flour 밀가루, 소맥분 differently 다르게 grumble 투덜거리다, 불평하다 longing 갈망, 열망

down from the cart and run. But she sat quite still and did not move. The clock was striking five as they drove into Dörfli. A crowd of women and children immediately came around the cart.

After Heidi left the village, everyone talked about how sad it was that she had to go back to her grandfather. He always looked so angry. However, the miller told them what Heidi said. They all seemed surprised that she wanted to go back to him.

At last, Heidi saw Grandmother's house, and her heart began to beat.* She ran faster and faster until she reached the house.

"That was how Heidi used to run in!" came a voice from the house. "Who is there?"

"It's I, Grandmother," cried Heidi as she ran to the old woman.

"Yes, yes, that is her hair, and her voice!"

And tears of joy fell from the blind eyes on to Heidi's hand. "Is it really you, Heidi? Have you really come back to me?"

"Yes, Grandmother, I am really here," answered Heidi. "Do not cry, for I have really come back, and I am never going away again! I brought you a present, too!"

And Heidi took the rolls from the basket and put them on the grandmother's lap.

"What a blessing* you bring with you!" cried Grandmother. "But you are the greatest blessing!"

Then Heidi told her how unhappy she had been, thinking that Grandmother might die while she was away.

Peter's mother now came in and stood for a moment, astonished.

"Mother, she has such pretty clothes!"

---

beat 뛰다, 고동치다 blessing 은총, 은혜

cried Peter's mother. "And the hat with the feather on the table is yours too, I suppose? Put it on!"

"No, I would rather not," replied Heidi. "You can have it if you like. I have my own still." And Heidi took out* her own old hat. She remembered how Grandfather had told Dete that he did not want to see her feathered hat again. She also changed out of her new dress into her red shawl.

"I must go home to Grandfather," she said. "But tomorrow, I shall come again. Good night, Grandmother."

"Yes, come again," said Grandmother.

"You must be careful, for Peter tells me that lately* Alm-Uncle is always angry and never speaks," warned Brigitta.

Heidi said goodnight and continued her way up the mountain with her basket on her arm. All around her, the steep green slopes shone bright in the evening sun.

Suddenly, a warm red glow fell on the grass at her feet. She looked back again. The two high mountain peaks rose into the air like two great flames.* The grass upon the mountainsides and the whole valley was bathed in golden mist.* And as Heidi stood gazing around her, tears ran down her cheeks for delight and happiness.

Then she ran on so quickly, and there was Grandfather sitting in front of the hut. Heidi ran up to him, threw down her basket, and hugged him.

And the old man himself said nothing. For the first time for many years his eyes were wet.

"So you have come back to me, Heidi," he said finally. "Did they send you away?"

"Oh, no, Grandfather," said Heidi

---

take out 꺼내다 **lately** 최근에 **flame** 불꽃, 불길 **mist** 안개

eagerly. "They were all so kind—Clara, and Grandmamma, and Mr. Sesemann. But you see, Grandfather, I used to think I would die, for I felt as if I could not breathe.* But I never said anything." Heidi jumped down and got the roll and the letter and handed them both to her grandfather.

"That belongs to* you," said Grandfather, putting the roll down on the bench beside him. Inside was money for Heidi. Then he opened the letter, read it through, and put it in his pocket.

"Bring your money with you," said Grandfather. "You can buy a bed and bedclothes* and dresses for a couple of years with it."

"I am sure I do not want it," replied Heidi. "I have a bed already, and Clara has put such a lot of clothes in my box."

"Take it and put it in the cupboard," said

Grandfather. "You will want it someday. I have no doubt.* Come along now and have your milk."

Heidi sat down and drank her milk eagerly. A whistle was heard outside. Heidi ran out. There were the goats with Peter. When he saw Heidi, he stood still with astonishment. She ran to the goats. And the animals recognized her voice, for they began rubbing their heads against her. As she called the goats by name, they all came running to her. Heidi petted and hugged each of the goats.

"Come down, Peter," cried Heidi. "Say good evening to me."

"So you are back again?" he found words to say at last. He took Heidi's hand. "Will you come out with me again tomorrow?"

---

breathe 숨 쉬다, 호흡하다 **belong to** ~의 것이다, ~의 소유이다
bedclothes 침구, 이부자리 **doubt** 의심, 의혹

"Not tomorrow," said Heidi, "for tomorrow, I must go down to Grandmother."

"I am glad you are back," said Peter. Then he prepared to go on with his goats, but they didn't want to leave. Heidi had to go inside the shed with her two goats and shut* the door so Peter could leave. It was with a happy heart that Heidi went to sleep that night. Heidi did not sleepwalk because she was at home again on the mountain.

Chapter 14

Sunday Bells

하이디가 돌아오고 나서 세상을 향해 마음을 닫고 있던 할아버지도 변한다.
할아버지는 하이디와 함께 페터 할머니를 찾아가 집을 고쳐 주고
교회에도 나가 다시 세상 속으로 들어가려고 노력한다.

Heidi was standing under the waving fir trees, waiting for her grandfather. He was going down with her to Grandmother's, and then on to Dörfli to get her box of clothes. It was Saturday, a day when

---

shut 닫다

Grandfather made everything clean inside and outside the house. He cleaned all morning so that he could take Heidi down the mountain during the afternoon.

They parted at Grandmother's hut, and Heidi ran in. Grandmother had heard her steps approaching and greeted her. Then she held Heidi's hand, and now she had to tell Heidi how much she had enjoyed the white bread.

"I know, Grandmother, what I will do," she said eagerly. "I will write to Clara, and she will send me many rolls again!"

"That is a good idea," said Brigitta. "But then, they would get hard and stale.* The baker* in Dörfli makes the white rolls, but they are a little expensive."

"Oh, I have lots of money, Grandmother," said Heidi. "You must have a fresh white roll every day and two on Sunday. Peter can bring them up from Dörfli."

"No, no, child!" answered Grandmother. "I cannot let you do that. You must give the money to your grandfather, and he will tell you how you must spend it."

"Now Grandmother can have a roll every day and will grow quite strong again," said Heidi. "If you get strong, maybe everything will grow light again for you."

Grandmother said nothing.

"Grandmother, I can also read now," said Heidi. "Would you like me to read you one of your hymns* from your old book?"

"Oh, yes," said Grandmother, surprised and delighted. Heidi had climbed on to a chair and had already lifted down the book, bringing a cloud of dust* with it.

"Here is one about the sun, Grandmother,"

---

stale 싱싱하지 못한, 김빠진 baker 빵 굽는 사람, 제빵업자 hymn 찬송가, 성가
dust 먼지

said Heidi. "I will read you that."

Heidi began to read the hymn. Grandmother sat with folded hands* and a look of joy on her face. At the same time, tears were running down her cheeks. Heidi beamed with happiness, and she could not take her eyes away from Grandmother's face.

Someone now knocked at the window, and Heidi looked up and saw her grandfather. She promised Grandmother before leaving her that she would come again the next day. Heidi told her grandfather about how she wanted to buy white rolls.

"If Grandmother won't take the money, Grandfather, will you give it all to me?" said Heidi. "I can then give Peter enough every day to buy a roll and two on Sunday."

"But how about the bed?" said her

grandfather. "It would be nice for you to have a proper* bed." But Heidi said that she slept better on her bed of hay than on her bed with fine pillows in Frankfurt.

"The money is yours," said her grandfather. "Do what you like with it."

"Oh, Grandfather!" she said. "Everything is happier now than it has ever been in our lives before! Oh, how glad I am that God did not immediately give me everything that I prayed and wept for! And now I shall always pray to God and always thank Him. We will never forget Him again, or else He may forget us."

"And supposing* one does forget Him?" said Grandfather in a low voice.

"Then everything goes wrong," said Heidi.

"That is true, Heidi," said Grandfather.

---

with folded hands 손가락을 깍지 끼고　**proper** 적당한, 적절한
supposing 만약 ~하면

"Where did you learn that?"

"From Grandmamma in Frankfurt," said Heidi. "She explained it all to me."

"He whom God has forgotten, is forgotten forever," said Grandfather.

"Oh, no, Grandfather," said Heidi. "We can go back, for Grandmamma told me so. I will read to you about it, and you will see how beautiful it is."

After they arrived at the hut, Heidi came running out with her book under her arm. Heidi began to read a story about a shepherd and his son. His son left to travel around the world but returned years later. His father still loved him.

"Isn't that a beautiful tale,* Grandfather?" said Heidi.

"You are right, Heidi," he replied. "It is a beautiful tale." But he looked so serious that Heidi grew silent.

A few hours later, as Heidi lay fast

asleep* in her bed, Grandfather went up the ladder and put his lamp down near her bed. He stood for a long time gazing down at her without speaking. At last, he too folded his hands and prayed.

"Come along, Heidi!" he told Heidi the next morning. "Put on your best dress, for we are going to church together!"

They walked down the mountainside. The bells were ringing in every direction now, and Heidi listened to them with delight. Everyone was already singing when they arrived.

"Do you see?" the people whispered to each other after they arrived. "Alm-Uncle is in church!"

Everyone became happy to see Alm-Uncle at church. At the close of the service,* Grandfather took Heidi by the

---

tale 이야기, 설화 asleep 잠든 service 예배

hand and went to the pastor's house.

The townspeople* watched him curiously. They wondered if he had changed because of how gently he held Heidi's hand. And so everybody began to feel quite friendly toward Alm-Uncle. Meanwhile, Alm-Uncle had gone into the pastor's house and knocked at the study door. When the pastor came out, Alm-Uncle told him that he wanted to find a house in Dörfli because he did not want Heidi to spend the cold winter up on the mountain.

"Neighbor, I am so happy," said the pastor. "You will always be welcome as a dear friend and neighbor, and I look forward to our spending many pleasant winter evenings with you. We will find some nice friends, too, for the little one."

As he left the house, the townspeople crowded* around him. They told him how happy they were that he was going to move back to Dörfli. They missed him.

"Grandfather, you look happy," said Heidi.

"Do you think so?" he answered with a smile. "Well, yes, Heidi, I am happier today. It is good to be at peace with* God and man!"

When they got to Peter's home, Grandfather opened the door and walked straight* in.

"Good morning, Grandmother," he said. "I think we have some things to fix before the autumn winds come."

"Dear God, if it is not Uncle!" cried Grandmother. "Now I can thank you for all that you have done for me." She took her hand in his and asked God to bless him.

---

townspeople 마을 사람들 **crowd** 몰려들다 **be at peace with** ~와 화해하다 **straight** 곧바로, 일직선으로

"Heidi has learned so much in Frankfurt!" said Brigitta. "I have thought sometimes that it might be good to send Peter there for a little while. What do you think, Uncle?"

A merry* look came into Grandfather's eyes. He thought it would do Peter no harm.* Suddenly, they heard a very loud knock at the door. Peter was outside, breathless,* and with a letter. The letter was addressed* to Heidi and had been delivered* at the post office in Dörfli. They all sat down around the table to hear what was in it.

The letter was from Clara. She wrote that the house had been so boring since Heidi left. She had at last convinced her father to take her to the Baths at Ragatz in the coming autumn. Clara and her grandmother were looking forward to visiting Heidi and meeting her family.

Everyone became excited and talked about the future visit. When it was time to go, the women asked Alm-Uncle to come again tomorrow. The old man and Heidi promised them to do so. These two went back up the mountain. As they climbed, the peaceful evening chimes* rang.

---

merry 즐거운 **harm** 손해, 불편 **breathless** 숨 가쁜, 숨이 찬 **address** 주소와 성명을 쓰다 **deliver** 배달하다 **chime** 차임, 교회의 종

Chapter 15

Preparations for a Journey

의사는 클라라가 아직 스위스 여행을 하기에는 무리라고 판단하고
제제만 씨는 의사에게 하이디를 대신 방문해 달라고 부탁한다.
클라라는 하이디에게 줄 선물들을 꾸린다.

The kind doctor was walking along one of the broad streets toward Mr. Sesemann's house. He looked sad because a few months ago, his only daughter had passed away.* Sebastian opened the door to him, greeting him.

"Everything as usual, Sebastian?" asked

the doctor in his pleasant voice as he walked with Sebastian up the stairs.

"I am glad you have come, Doctor," exclaimed Mr. Sesemann. "We must really have another talk over this Swiss journey."

"My dear Sesemann," said the doctor, "you asked me the same question three times yesterday, though you know what I think."

"Yes, I know," said Mr. Sesemann. "Yet she endured* this last bad attack* so patiently* because she was hoping that she could soon start on her Swiss journey. She wants to see her friend Heidi again. Now must I tell the poor child that this visit must also be canceled*?"

"Considering* her health, this has been Clara's worst summer," said the doctor. "Something bad may happen from the

---

pass away 떠나다, 죽다 endure 견디다 attack 발병, 발작 patiently 참을성 있게 cancel 취소하다, 무효로 하다 considering ~을 고려하면

fatigue of such a journey. In short,* Sesemann, it is impossible. But I will go in with you and talk to Clara. Next May, you can take her to the Baths until the weather becomes hot. It may help cure her. Then she can be carried up the mountain occasionally.*"

"Doctor, tell me truthfully,*" said Mr. Sesemann, "do you think she will ever really be healthy?"

"No," he replied quietly. "Yet, you have a beloved* child to look for you and greet you when you return home. And the child is happy and comfortable. Think of my lonely* house!"

"Doctor, I have an idea," said Mr. Sesemann. "You shall make the journey and go to visit Heidi instead of us."

Mr. Sesemann was so delighted with his idea that he grabbed the doctor by the arm and brought him into Clara's room. The kind doctor was always a welcome visitor to Clara, for he generally had something amusing to tell her. He sat down next to her and told her that it would be impossible for her to visit Heidi in September. Clara felt bitterly* sad at this news. She struggled to swallow her tears.

"Dear doctor, you will go and see Heidi, won't you?" asked Clara. "And then you can come and tell me all about it."

"Then I must certainly go," said the doctor. "And have you decided when I am to start?"

"Tomorrow morning," replied Clara. The doctor began to laugh. But Clara would not let him go until she had given him endless* messages for Heidi.

"Take that box and bring it back filled

---

in short 간단히 말해서, 요약하면 occasionally 때때로, 가끔 truthfully 정직하게 beloved 귀여운, 소중한 lonely 외로운, 적적한 bitterly 몹시, 통렬하게 endless 끝이 없는

with the soft cakes which we have with coffee," said Clara to Tinette.

"Will you give my greetings to little miss?" asked Sebastian.

"Goodbye till I see you again, Sebastian." replied the doctor. "I will be sure to give your message."

He opened the door, and a sudden gust of wind blew Miss Rottenmeier into his arms. She was embarrassed,* but the doctor calmed* her. Clara told her to help pack presents for Heidi. She packed a warm cloak* with a hood,* tobacco* for Grandfather, and a warm shawl for Grandmother.

Chapter 16

A Visitor

하이디는 며칠 며칠을 기다려 온 클라라가 못 온 것을 서운해 하지만 자신을 산으로 돌려보내 주는 데 큰 역할을 한 의사를 반긴다. 산에서 지내는 동안 의사는 알프스 산의 아름다움에 매료된다.

The early light of morning lay rosy red upon the mountains. Heidi jumped out of bed and dressed herself quickly. Her grandfather was already outside, looking at the sky.

---

embarrassed 어리둥절한, 당혹한 **calm** 진정시키다 **cloak** 망토 **hood** 두건 **tobacco** 담배

Then Heidi ran around to the fir trees to enjoy the sound she loved so well. Meanwhile, Grandfather had gone to milk the goats. As soon as Heidi saw her two friends, she ran and hugged them. And now Peter's whistle was heard, and all the goats came along, jumping. Heidi soon was in the middle of* the whole flock.*

"Can you come out with me today?" Peter asked.

"I am afraid I cannot, Peter," she answered. "I am expecting my friends to come from Frankfurt."

"You have said the same thing for days now," complained Peter.

"I must continue to say it till they come," replied Heidi. So Peter turned and went up the mountain. He whistled and the goats followed after him.

Since Heidi had been back with her grandfather, she began to think more about being clean and responsible. In the morning, she always spent time cleaning the house. Grandfather was pleased by this change in Heidi.

After a while,* Heidi felt she could not stay indoors* because the sunlight lay sparkling* on everything around the hut and on all the mountains and far away along the valley. Heidi felt again the desire* to run outside.

"They are coming!" Heidi called out suddenly after she went outside. "The doctor is in front of them!" Heidi ran forward to welcome her old friend. "Good morning, Doctor, and thank you so many times."

"God bless you, child!" said the doctor, smiling. "Why are you thanking me?"

---

in the middle of ~의 가운데 flock 떼, 무리 after a while 잠시 후
indoors 옥내에, 실내에 sparkling 불꽃을 튀기는, 반짝거리는 desire 몹시
바라다, 욕구하다

"For sending me home again with Grandfather," the child explained. The doctor's face brightened.* He had climbed the mountain without realizing how beautiful it was on every side. He had thought that Heidi would have forgotten him. But instead, here was Heidi, her eyes dancing with joy.

"Take me now to your grandfather, Heidi," said the doctor, "and show me where you live."

"Where are Clara and Grandmamma?" she asked.

"Clara was very ill and could not travel, and so Grandmamma stayed home, too," said the doctor. "But next spring, they are coming here definitely.*"

Heidi could not speak because she was so sad. The doctor said nothing more. He looked down at her with a very sad look. She hated to see him so unhappy.

"Oh, it won't be very long to wait for spring, and then they will be sure to come," she said in a comforting* voice. "Now let us go and find Grandfather."

The two men sat down in front of the hut. The old man asked the doctor to spend as many of the beautiful autumn days on the mountain as he could. The doctor could come up every morning. Grandfather would take him to any part of the mountains he would like to see. The doctor was delighted with this idea.

Meanwhile, the sun had been climbing up the sky, and it was now noon. Alm-Uncle went indoors, returning in a few minutes with a table. Heidi ran backward and forward,* as busy as a bee, and brought out everything to set the table. Grandfather, meanwhile, now appeared

---

brighten 밝아지다 **definitely** 확실히 **comforting** 기분을 돋우는, 격려하는
backward and forward 앞뒤로, 이리저리

with a jug* of milk and golden-brown* toasted cheese.

"Our Clara must certainly come up here," he said. "This food would make her healthier." As he spoke, a man came up the path carrying a large package* on his back.

"Ah, here's what traveled with me from Frankfurt," said the doctor. Heidi opened her presents, one by one, until they were all displayed.* Heidi found the packet* of tobacco, which she ran and gave to her grandfather. He was so pleased with it that he immediately filled his pipe with some, and the two men then sat down together again.

As the sun began to sink behind the mountains, the doctor stood up, thinking it was time to return to Dörfli. Grandfather carried the cakes, the shawl, and the large sausage,* and the doctor took Heidi's hand, so they all three walked down the mountain. They arrived at Peter's home, and Heidi told the others goodbye. Heidi now ran in to Grandmother and put the cakes and shawl on her lap.

"They are all from Frankfurt, from Clara and Grandmamma," she explained to the astonished Grandmother and Brigitta.

"This will be useful for the cold winter!" she exclaimed. Meanwhile, Brigitta stood gazing at the sausage happily. Peter came running in at this minute.

"Uncle is just behind me. He is coming...." he stopped, for he saw the sausage. Heidi said goodbye to Grandmother. Heidi and Grandfather walked up the mountain under the starlight.*

---

jug 물주전자, 물병 golden-brown 노릇노릇한 package 짐, 소포
display 전시하다, 진열하다 packet 갑 sausage 소시지, 순대 starlight 별빛

Chapter 17

A Compensation*

최근 자신의 딸을 잃은 의사는
명랑해진 하이디와 아름다운 알프스 산의 자연에서 위안을 받는다
그러나 두 사람이 헤어질 시간은 다가오고 그들은 몹시 아쉬워한다.

The next morning, the doctor climbed up from Dörfli with Peter and the goats. Peter was very quiet the whole time.

"Are you coming today?" said Peter.

"Of course I am, if the doctor is coming too," replied Heidi. Grandfather now came out with the lunch bag and gave it to Peter. It was heavier than usual. Peter smiled, for he felt sure there was meat in it today. And so they climbed. The goats, as usual, followed Heidi. Heidi held hands and talked to the doctor. Peter felt annoyed at the doctor.

Heidi now led her friend to her favorite spot, and he sat beside her on the warm grass. Overhead, the great bird was flying round and round in wide circles, but today he made no sound. The waving flowers, the blue sky, the bright sunshine, and the happy bird were so beautiful!

"If one brings a sad heart up here, will it become happy again?" asked the doctor.

"No one is sad up here, only in Frankfurt," said Heidi.

"Can you understand something, Heidi?" asked the doctor. "There is a man

---

compensation 보상, 배상

who cannot sit here with a shadow* over his eyes that stops him from feeling and enjoying the beauty around him." A pain* shot through the child's young happy heart. The shadow over the eyes made her think of her blind grandmother. This was Heidi's great sorrow.

"Then one must say one of Grandmother's hymns," said Heidi. "That will make you feel better."

"Which hymns are they, Heidi?" asked the doctor.

"I only know the one about the sun and the beautiful garden," replied Heidi.

"Well, say the verses* to me," said the doctor.

Heidi spoke the verses. The doctor sat in silence. His thoughts had carried him back to a long past time. He could hear his mother's voice and see her loving* eyes.

"Heidi, that was a beautiful hymn of

yours," said the doctor. "We will come out here together another day, and you will let me hear it again."

As Peter watched them talk, he became more and more annoyed. Lately Heidi was not spending any time with him.

"It's lunchtime," said Peter.

Heidi and the doctor were not hungry. They asked Peter to just milk the goat for them.

"Who is going to eat what is in the bag then?" he asked.

"You can have it," she answered. Peter quickly milked the goat for them. Before he ate the lunch, he felt sorry that he had become so angry at the doctor. He was so glad to have a chance to eat meat.

Heidi and the doctor climbed and talked for a long while. She showed him

---

shadow 그림자 **pain** 아픔, 고통 **verse** 시, 노래 가사 **loving** 애정 어린

where the brightest flowers grew.

Finally, it was time for him to go home. As she waved goodbye to the doctor, he remembered his daughter.

The doctor came up to the hut every morning. Sometimes, Grandfather would climb the mountain with him. There, he would teach him about all of the details* of the plants and animals that he knew so well. Sometimes, the doctor would travel with Heidi, and then the two would sit together.

One morning the doctor appeared, looking less cheerful than usual. It was his last day, he said, as he must return to Frankfurt. He asked that Heidi might go with him part of the return way, and Heidi took his hand and went down the mountain with him.

"I must say goodbye!" he exclaimed. "If only I could take you with me to Frankfurt and keep you there!"

"I would rather that you came back to us," answered Heidi after some hesitation.*

"Yes, you are right," he said and started walking down the mountain. "That would be better," Suddenly, she began to cry and chase after him. He turned around. Tears were coming down her face.

"I will come to Frankfurt with you," cried Heidi. "I will stay with you as long as you like. I must just run back and tell Grandfather."

"No, no, dear child," he said kindly. "You must stay under the fir trees, or you will be sick again. If I am ever ill and alone, will you come then and stay with me?"

"Yes, I will come the very day you send for me," replied Heidi. "I love you nearly as much as Grandfather." And so the doctor

---

details 상세한 설명 **hesitation** 주저, 망설임

again told her goodbye and started on his way.

"It is good to be up there, good for the body and soul,*" thought the doctor. "And a man might learn how to be happy once more."

Chapter 18

The Winter in Dörfli

겨울이 되어 할아버지와 하이디는 되르플리로 내려온다.
하이디는 학교에 다니기 시작하지만 페터는 곧잘 학교를 빼먹는다.
눈 때문에 매일 페터 할머니를 찾아갈 수 없게 된 하이디는
날마다 할머니에게 찬송가를 읽어 드릴 수 있는 계획을 짠다.

The snow was so high at Peter's house that he had to climb through the window every morning to get outside. He had to shovel the new snow away every morning. If it turned to ice, he could take the

---

soul 정신, 영혼

sleigh and ride down to the village. Alm-Uncle had kept his promise and was not spending the winter in his old home. As soon as the first snow began to fall, he had gone down to Dörfli with Heidi and the goats.

He rented* an old house that used to belong to an old soldier. During the autumn, he had fixed it, so they could live in it during the winter. The walls of the old building were covered in ivy.* Inside was a tremendous stove* that touched the ceiling. On the walls were pictures of old castles* with trees, hunters, and men fishing. Heidi enjoyed looking at them.

"Your room must be near the stove, or you will freeze,*" Grandfather told her. "You can come and see mine too." Grandfather brought her to a very large room that still needed to be fixed. There were many holes in the walls where beetles and lizards* could make their homes.

Heidi was very delighted with her new home, and she looked forward to showing Peter everything. Heidi slept soundly* in her corner by the stove. However, she still missed the mountain and the sound of the wind in the fir trees.

"I must go up to see Grandmother today," Heidi said on the fourth day of winter. "She should not be alone so long." But Grandfather would not agree to this.

"The snow is too deep," Grandfather said. "Wait a bit till it freezes, and you will be able to walk over the hard snow."

Heidi now went to school in Dörfli every morning and afternoon and eagerly tried to learn everything. She hardly ever saw Peter there. Peter, however, always seemed able to make his way through the

---

rent 임대하다 ivy 담쟁이덩굴 stove 스토브, 난로 castle 성 freeze 얼다, 얼어붙다 lizard 도마뱀 sleep soundly 푹 자다

snow in the evening when school was over. He usually visited Heidi.

At last, after some days, the sun again appeared and shone brightly over the white ground. Then the moon came out, clear and large, and lit up the great white snowfield* all through the night. The next morning, the whole mountain sparkled like a huge crystal.* This was just what Peter had been hoping for, as he knew now that Heidi would be able to come to his house.

"I must go to school," he told his family. He went down the mountain on his sleigh like lightning, riding all the way toward the road to Mayenfeld. When he finally stopped, he told himself that it was too late to get to school now. So he played in Mayenfeld all day. He got back to Dörfli just as Heidi had got home from school and was sitting at dinner with her grandfather.

"The frost* has arrived," said Peter. "You can walk on the snow now."

"Then I can go and see Grandmother!" said Heidi joyfully. "But why were you not at school then?"

"The sled carried me too far," Peter replied, "and I was too late."

"You should be ashamed of* running away," said Alm-Uncle. "What would you think of your goats if they ran away?"

"I should beat them," said Peter.

"Next time you let your sleigh carry you past the school when you have lessons, you will receive what you deserve," said Grandfather. "Come and sit down and eat, and afterward, Heidi shall go with you. Bring her back this evening, and you will find supper waiting for you here."

---

snowfield 설원, 눈밭 **crystal** 수정 **frost** 서리, 서릿발 **be ashamed of** ~을 부끄러워하다

He took his seat beside Heidi without hesitation. After eating, Heidi ran to the closet and brought out the warm cloak Clara had sent her. As the two walked together, Heidi had much to tell Peter about her two goats. They had been so unhappy in their new house, like she had been in Frankfurt. At Peter's house, they found Brigitta sitting alone, knitting,* for Grandmother was in bed with a cold.

"Are you very ill, Grandmother?" said Heidi.

"No, no, child," answered the old woman.

"Shall you be quite well then when it turns warm again?" said Heidi.

"Yes, of course." Her words comforted Heidi. Heidi ran into the next room to get the hymn book. Then she picked out her favorite hymns, one after another. She read them aloud* to Grandmother, who listened with a smile on her face.

"Grandmother, are you feeling quite well again already?" asked Heidi.

"Yes, child," replied Grandmother. "I have grown better while listening to you."

"It is growing dark and I must go home," said Heidi after a little while. "I am glad to think that you are quite well again."

"I feel quite happy again," said the old woman. "No one knows what it is like to lie here alone, day after day,* in silence and darkness. But when you come and read those words to me, I am comforted."

Heidi ran into the next room and got Peter. When they got outside, they found the moon shining down on the white snow, and everything was as clear as in the daylight. On the sleigh, they rode down the mountain like two birds flying through the air.

---

knit 뜨다, 짜다 aloud 큰 소리로 day after day 날마다

That night, Heidi realized that she could not visit and read to Grandmother every day. Suddenly, she had an idea that might help her. As she fell asleep, she made her plan to help the old woman.

Chapter 19

The Winter Continues

하이디는 페터에게 읽는 법을 가르쳐 주기로 결심하고
페터는 기겁을 하면서도 하이디의 제안을 거역하지 못한다.
하이디의 열정적인 노력으로 마침내 페터는 읽을 수 있게 되고
이에 학교 선생님과 페터의 가족들은 크게 놀란다.

Peter arrived on time at school the following day. When Peter finished his lessons, he went over to Uncle's to see Heidi. When he walked into the large room at Uncle's, Heidi immediately ran forward and grabbed him.

"I've thought of something, Peter," said

Heidi.

"What is it?" said Peter.

"You must learn to read," said Heidi.

"I never shall," said Peter.

"Grandmamma in Frankfurt said long ago that it was not true," said Heidi, "and she told me not to believe you."

Peter looked surprised.

"I will soon teach you to read, for I know how," said Heidi. "You must learn, and then you can read one or two hymns every day to Grandmother."

"Oh, I don't care about that...," said Peter.

"If you won't learn as I want you to, I will tell you what will happen," said Heidi. "Your mother will send you to Frankfurt. There, you will have to go to school every day dressed in black and with a mean, terrible teacher."

Peter felt cold and frightened.

"When the other students find out you cannot read, they will make fun of* you," said Heidi.

"Well, I'll learn then," said Peter, half sorrowfully* and half angrily.

"We'll begin at once,*" she said. Among other presents, Clara had sent Heidi a book, which Heidi decided would be perfect for teaching Peter. Peter was made to read this poem over and over again* until he learned each letter.

A B C must be learnt today,
Or the judge* will call you up to pay.

D E F G must run with ease,*
Or something will follow that does not please.

---

make fun of ~을 놀리다, 조롱하다 sorrowfully 슬프게, 애처롭게 at once 당장, 즉시 over and over again 되풀이해서, 여러 번 반복하여 judge 재판관, 판사 with ease 쉽게

Should* H I J K be now forgot,
Shame* is yours upon the spot.

And then L M must follow at once,
Or punished* you'll be for a sorry dunce.*

If you knew what next awaited you,
You'd quickly learn N O P Q.

Now R S T be quick about,
Or worse will follow there's little doubt.

And if you put the U for V,
You'll go where you would not like to be.

If you forget W, worst of all,
Look at the stick* against the wall.

Then comes the X for you to say,
Or be sure you'll get no food today.

And should you make a stop at Y,
They'll point at you and cry, "Fie,* fie."

Hurry with Z, if you're too slow,
Off to Frankfurt you'll go.

Peter stared at Heidi with frightened eyes.

"Don't be afraid. Peter," said Heidi, "if you come to me every day, you will learn how to read."

Peter promised. His fear had made him become quite tame.* Every evening, Peter went to work* to learn the letters. It was three weeks before Heidi could go to Grandmother again. So Heidi taught Peter more eagerly.

"I can read now," said Peter one evening

---

should 만약 ~한다면 **shame** 치욕, 수치 **punish** 처벌하다, 혼내 주다 **dunce** 열등생, 저능아 **stick** 막대기, 회초리 **fie** 저런, 에잇 **tame** 순종하는, 유순한 **go to work** 일에 착수하다

to his mother.

"Do you really mean it?" she cried. "Did you hear that, Mother?"

"I must read one of the hymns now," he continued. "Heidi told me to." His mother got the book. Both his mother and grandmother listened to him with joyful surprise.

The next day, there was a reading lesson at school.

"We must pass over Peter as usual," said the teacher. Peter took the book and read three lines* without hesitation.

"Peter, some miracle* has happened!" cried the teacher. "As soon as I decided that I could not teach you how to read, you learned on your own! How has such a miracle come to pass in our days?"

"It was Heidi," answered Peter.

The teacher looked in astonishment toward Heidi, who was sitting innocently* on her bench.

"We will try once more," he said. Peter had to read another three lines. There was no mistake. Peter could read.

Every evening, Peter read one hymn aloud. His mother, Brigitta, was still so happy and surprised.

"Now that he has learned to read, he can do anything," she said.

"Yes, it is good for him to have learned something, but Peter always skips* the very difficult words," answered Grandmother. "He does not read as well as Heidi."

---

line 줄, 행 **miracle** 기적 **innocently** 순진하게, 천진난만하게 **skip** 건너뛰다, 띄엄띄엄 읽다

Chapter 20

News from Distant Friends

봄이 되어 하이디는 다시 산 위에서 생활하게 된다.
한편 프랑크푸르트에서 클라라 일행이 하이디를 찾아온다는 소식이 들린다.
하이디는 클라라를 다시 보게 되어 몹시 기뻐하고
클라라 역시 알프스 산이 무척 마음에 든다.

It was the month of May. The clear warm sunshine lay upon the mountain, which had turned green again. Heidi was at home again on the mountain, running backward and forward. She delighted in* all the little beetles and winged* insects* that jumped and crawled and danced in the sun. All the tiny living creatures* must be as happy as she. She could hear her grandfather sawing* wood.

"You are making chairs for our visitors," said Heidi. She heard Peter's whistle and ran out and found herself with her four-footed* friends. Peter pushed past them and handed Heidi a letter. The letter to Heidi had been given to him the evening before by the postman* at Dörfli.

"From Frankfurt!" she exclaimed. "Would you like to hear it?" Grandfather was ready and pleased to do so, as also Peter.

Dearest Heidi,

Everything is packed, and we shall start now in two or three days as soon as Papa is ready to leave. He is not coming with

---

delight in ~을 기뻐하다, 즐기다   winged 날개 있는   insect 곤충, 벌레
creature 생물, 동물   saw 톱으로 켜다   four-footed 네 발 달린   postman 집배원, 우편배달부

us, because he has first to go to Paris. The doctor comes every day. You cannot imagine* how much he enjoyed himself when he was with you! I am looking forward to seeing everything, to being with you on the mountain, and to meeting Peter and the goats.

I shall be carried up the mountain in my chair and spend the day with you. Grandmamma is traveling with me and will remain with me. Miss Rottenmeier will not come with us. She is afraid of the mountain. So Grandmamma and I will be alone. Sebastian will go with us as far as Ragatz and then return here.

Good-bye, dearest Heidi. Grandmamma sends you her best love and all good wishes.

Your friend, Clara

As soon as Heidi finished reading, Peter called the goats and began walking up the mountain. This invisible* enemy*'s visit made him frustrated* and tired. The next day, Heidi visited her grandmother to tell her about the visitors. Grandmother was no longer sick, but she could not sleep the night before because of worry. Peter had told her who was visiting soon, and she became afraid that they would take Heidi away.

"What is the matter, Grandmother?" asked Heidi. "Aren't you a bit pleased with what I am telling you?"

"Yes, yes, of course, child, since it gives you so much pleasure," she answered. She was anxious to hide her trouble from Heidi if possible. She did not want Heidi to feel like she had to stay in Dörfli only to make her happy.

"Heidi, there is something that would comfort me and calm my thoughts," said

---

imagine 상상하다, 마음에 그리다   invisible 눈에 보이지 않는   enemy 적
frustrated 좌절감을 느끼는

Grandmother. "Read me a hymn."

Heidi found the book at once and read out in her clear voice. Heidi read the hymn again two or three times. Both she and Grandmother felt better. When the evening came, Heidi returned home up the mountain. The nights of this month of May were so clear and bright. The sun rose every morning into the cloudless* sky. May passed, everything growing greener and greener. Then came the month of June, with hotter sun and long light days that brought the flowers out all over the mountain.

On one of the last days of June, a strange parade* was making its way up the mountain. In front were two men carrying a chair, in which sat a girl well wrapped* up in blankets. This was followed by a horse ridden by a noble* lady. The last person was a man who was carrying many clothes and blankets.

"Here they come!" shouted Heidi, jumping with joy. Heidi ran forward and the two children hugged each other.

"What a magnificent* house you have, Uncle!" said Grandmamma. "A king might envy you! Heidi looks like a wild rose*!"

"Oh, Grandmamma!" said Clara. "I want to stay here forever*!"

The sky spread* blue and cloudless over the hut, the fir trees, and far above over the high rocks. Clara wondered at all the beauty around her.

"Oh, Heidi, if only I could walk with you," she said longingly.* Heidi pushed Clara's chair quite easily around the hut to the fir trees. There they paused. Clara had never seen such enormous trees

---

cloudless 구름 없는, 맑게 갠 parade 행렬, 행진 wrap 감싸다 noble 귀족의, 고귀한 magnificent 굉장한, 장대한 wild rose 들장미 forever 영원히 spread 펴다, 펼치다 longingly 간절히

before. Everything around the trees was continually* changing while they stood forever changeless.*

"Oh, the flowers!" exclaimed Clara. "Look at the bushes of red flowers. I wish I could get up and pick them." Heidi ran off and picked some for her.

"But these are nothing, Clara," said Heidi. "If you could come up higher to where the goats are feeding,* you would see more of the bluebell flowers and the bright yellow rock roses that sparkle like pure gold!"

"Grandmamma, do you think I could get up there?" she asked eagerly.

"I am sure I could push you up," said Heidi. "The chair goes so easily."

After they sat down to eat, Grandmamma became surprised when she saw how much Clara ate.

"Oh, it does taste so nice, Grandmamma,"

said Clara. Grandmamma and Alm-Uncle got along very well together, and their conversation* became more and more lively.* After supper, they went inside and looked around the hut.

"It is delightful for you up here, Heidi!" exclaimed Grandmamma.

"I have been thinking that if you were willing to* agree to it, your little granddaughter might stay up here, and I am sure she would grow stronger," suggested Grandfather to Grandmamma. Clara and Heidi were overjoyed at these words and Grandmamma's face looked satisfied.*

"You are indeed* kind, my dear Uncle," she exclaimed. "I thank you from my whole heart,* Uncle."

---

continually 계속해서, 계속적으로 changeless 변함없는, 일정한 feed 먹이를 먹다 conversation 대화 lively 활기 있는 be willing to 기꺼이 ~하다 satisfied 만족한, 흡족한 indeed 정말로 from one's whole heart 진심으로

The two had meanwhile gone up to the hayloft and begun to prepare a bed. The next question was how long she would stay. They decided that she could stay there a month. Grandfather decided to lead Grandmamma down the mountain and would return later that evening. Grandmamma did not care* to stay alone in Dörfli, and therefore decided to return to Ragatz.

Peter came down with his goats before Uncle had returned. Heidi introduced them all to Clara. Peter meanwhile watched them with an angry look on his face.

That night, the two children said their prayers,* and then Heidi fell asleep. Clara lay awake some time because of her wonder at sleeping under the stars. Outside, two very large stars blinked* in the sky. Even when she dreamed, Clara still saw them shining at her.

Chapter 21

How Life Goes on at Grandfather's

하이디와 클라라는 알프스 산에서 같이 지내게 된다.
산의 상쾌한 공기와 자연 속에서 클라라는 식욕도 왕성해진다.
하이디의 할아버지는 클라라가 걸을 수 있게 해 주려고 무척 애를 쓰지만
페터는 하이디의 관심을 빼앗아간 클라라가 달갑지 않다.

The light morning clouds overhead grew brighter and brighter, till at last the sun shone out, and rock and woods and hill were bathed in golden light. Clara had just opened her eyes and was looking with

---

care 좋아하다 prayer 기도 blink 눈을 깜박거리다

wonder at the bright sunlight that shone through the round window.

Heidi now awoke* and was surprised to see Clara dressed. She was already in Grandfather's arms, ready to be carried down.

When they went outside, the fresh morning wind blew around the children's faces. It was the first time in Clara's life that she had been out in the open country at this early hour. The pure mountain air was so cool and refreshing.* Clara had not imagined that it would be like this on the mountain.

"Oh, Heidi, if only I could stay up here forever with you," she exclaimed happily. Grandfather brought them two bowls of goat milk. Clara had never tasted goat's milk before. She hesitated and smelt it. Finally, she drank it all, and she too found it delicious.

Peter now arrived with the goats, and while Heidi was receiving their greetings, Grandfather whispered to Peter. He told him to make sure that Little Swan climbed where she wanted and got the best food. He wanted her milk to become as delicious as possible.

Peter marched off* with his goats. He asked Heidi to join him, but she told him she could not come. Instead, Alm-Uncle would go with him. This did not make Peter happy. Heidi and Clara had decided to write Grandmamma every day so she would not feel anxious about Clara's health.

The high mountain peaks rose above her, and below was the whole broad valley that was full of quiet peace. The morning passed quickly, and now Grandfather

---

awake 잠에서 깨어나다　**refreshing** 상쾌한, 산뜻한　**march off** 행진하다

came with the bowls of steaming* milk. Then Heidi pushed Clara's chair under the fir trees.

So they sat and chatted* under the trees. The more they spoke, the louder the singing birds became!

In the evening, Peter returned and still looked angry. As Clara saw Grandfather leading away Little Swan to milk her, she suddenly desired another bowl of milk.

"Isn't it curious, Heidi?" said Clara. "I never used to like eating. Everything tasted the same. Now I really look forward to eating again."

"Yes, I know what it feels like," replied Heidi, who remembered how terrible the food was in Frankfurt.

On the third day, there was a surprise for the children. Two men came up the mountain, each carrying a bed on his shoulders with new blankets.

The men also had a letter, which said that these were for Clara and Heidi, with them from Grandmamma. Meanwhile, Grandmamma was delighted about the news she received from Clara. Clara spoke about how amusing Heidi's companionship* was and how kind Grandfather was.

Grandfather tried to think of something new every day to help cure Clara. He climbed high up the mountain and found special plants to give to Little Swan so that her milk would become richer. Clara had now been on the mountain for three weeks. Each day, he asked her to try to stand a little. Every time, she only stood for a short moment and then complained it hurt too much.

When the summer evening came on,

---

steaming 김이 모락모락 나는 **chat** 담소하다, 수다 떨다 **companionship** 교우, 교제

the crimson light fell on mountain peaks and on the great snowfield. The sun sank in a sea of golden flame. The sunset and everything looked the most beautiful higher up in the mountain where the goats ate. Heidi told this to Clara every day.

"Uncle, will you take us out with the goats tomorrow?" Clara asked finally.

"Yes, but only if you try to stand again tomorrow morning," he answered. Heidi told Peter that they all would go with him the next day. He did not answer and instead walked home.

Clara and Heidi got into their two fine beds that night full of delight. Heidi heard the great bird of prey calling to her from the mountains above.

"Come!" he called.

Chapter 22

Something Unexpected Happens*

클라라는 하이디, 페터와 산 위로 올라가 보기로 한다.
그런데 하이디를 클라라에게 완전히 빼앗겼다고 생각하여 심술이 난 페터는
클라라의 휠체어를 몰래 산 아래로 밀어 박살낸다.
그렇게 하면 클라라가 산에서 떠날 것이라고 생각한 것이다.

The next morning, Grandfather wheeled* the chair out of the shed and then went in to call the children. He told them how lovely* the sun was. Peter arrived at this moment. The goats

---

unexpected 예기하지 않은, 뜻밖의   **wheel** (수레 등을) 움직이다, 밀어 움직이다
lovely 아름다운, 예쁜

were timid* around him because he had become so angry and bitter.* For weeks now, he had not been able to spend time with Heidi alone. Clara was always with her. He looked at her wheelchair.

There was no sound anywhere, and no one saw him. He grabbed the chair and threw it down the mountain. It rolled down the mountain and disappeared. Peter ran behind some bushes, so Grandfather would not discover him. Now he could see that the chair had broken into many pieces. Peter laughed with pure delight. His enemy would have to leave now!

Heidi now came running out of the hut. She looked everywhere for the chair but could not find it. Suddenly the wind blew.

"The wind must have blown it away," exclaimed Heidi, and her eyes grew anxious at this sudden discovery.

"This is strange," said Grandfather. "But if it rolled down the mountain, it would have broken into a hundred pieces."

"Oh, I am sorry!" cried Clara. "I can't go now," But Heidi looked toward her grandfather with her usual expression* of confidence.*

"Grandfather, you will be able to do something, won't you?" asked Heidi.

"We will still go up the mountain," he answered. "We can carry Clara. Now then, we will start. The goats can come with us."

When they reached the spot where the goats usually ate, they were surprised to find them there already. Peter was with them.

"You lazy rascal!" cried Grandfather. "Where were you this morning?"

"No one was awake,*" he answered.

---

timid 쭈뼛거리는, 머뭇거리는 bitter 무정한, 가혹한 expression 표정, 표현
confidence 자신, 확신 awake 깨어 있는

"Have you seen the chair?" asked Grandfather.

"What chair?" said Peter.

Grandfather said no more. He spread the blankets on the ground and put Clara there. She looked comfortable. Grandfather prepared to leave them. They would now be safe and happy together. The sky was dark blue, and not a single* cloud was seen. The great snowfield overhead sparkled as if it was made of thousands and thousands of* gold and silver stars. The goats sometimes sat and played with the children.

Some hours went by, and Heidi wanted to go to the flower field before the flowers closed for the evening. Heidi asked if she could go to the field for a little while. She brought the goat, Snowflake, to sit with Clara.

The goat enjoyed being fed by Clara.

Clara suddenly felt a great desire to be independent* and to be able to help others instead of* always receiving help. Many thoughts, unknown to her before, came crowding into her mind. Heidi had meanwhile reached her field of flowers. It was so beautiful. Heidi stood and drew in the delicious air. Suddenly she turned around and reached Clara's side out of breath with running and excitement.

"Oh, you must come," said Heidi. "It is more beautiful than you can imagine. I think I could carry you."

"Heidi, you are too small," said Clara. "If only I could walk!"

Peter was sitting up above, looking down on the two children. Even though he destroyed* the chair, Clara had still come

---

single 단 하나의 **thousands and thousands of** 무수한 **independent** 남에게 의존하지 않는, 독립적인 **instead of** ~ 대신에 **destroy** 부수다, 망가뜨리다

up to the mountain.

"Peter, come down here!" Heidi called to him.

"I don't wish to come," said Peter.

"You must come here and help me!" said Heidi.

"I shall not," replied Peter.

"If you don't come, Peter, I will do something to you that you won't like," said Heidi.

Suddenly, Peter became afraid. She seemed to know the wicked* thing that he had done.

"I am coming," said Peter.

"You must put one arm around my neck so, and put the other through Peter's," Heidi gave her orders as soon as they got to Clara. "Then we shall be able to carry you."

Peter, however, had never given his arm to anyone in his life. Also, Clara was a little heavy, and the team did not match* very well in size. They couldn't carry her well.

"Put your foot down firmly* once," suggested Heidi. "I am sure it will hurt you less after that."

"Do you think so?" said Clara hesitatingly,* but she followed Heidi's advice. She put one foot down and then the other.

"Try again," said Heidi encouragingly.* And Clara went on putting one foot out after another.

"I can do it, Heidi!" cried Clara. "Look! I can make proper steps!"

With every step, she felt safer on her feet. Heidi was filled with joy. As she walked, Clara could think of no greater joy than being able to walk by herself. When they reached the flower field, they

---

wicked 사악한, 나쁜   match 조화되다, 어울리다   firmly 확고하게, 단호하게
hesitatingly 머뭇거리며, 망설이며   encouragingly 격려하며

sat down together. It was so lovely! Both girls enjoyed the beautiful scenery* and fresh air. Clara thought with joy about her future. Peter also lay among the flowers without moving or speaking, for he was asleep.

It was long past noon when the goats came down the flower field. They were searching for the children and excitedly* ran to them when they saw them. Peter woke up when he heard the goats. He had been dreaming that something bad would happen to him because he broke the chair. When it was time for the children to eat lunch, Peter ate up every bit of food. However, as he swallowed each piece of food, he felt pain. His guilt* was making it hard for him to eat peacefully.

When Grandfather came to get the children, Heidi ran to him and gave him the good news. A look of pleasure came over his face. He helped Clara stand up, and helped her walk a few more steps, which she did with more confidence than before. Then he picked Clara up again.

"We must not do too much," he said, and they all walked home.

When Peter got to Dörfli that evening, he found a large group of people looking at something. He pushed through the crowd to see what they were looking at. Scattered* in the grass were the pieces of Clara's wheelchair. The people talked about what they thought happened to the chair, but Peter had heard enough. He quietly left the crowd and ran home.

He suddenly became afraid that the police might come from Frankfurt to find out what happened to the chair. When Peter got home, he could not eat

---

scenery 풍경 **excitedly** 흥분하여, 기를 쓰고 **guilt** 죄, 죄책감 **scatter** 흩뿌리다

his supper and instead went to sleep. His mother and grandmother worried that he was sick.

Both Clara and Heidi said their prayers before they slept, and each thanked God in her own way for the blessing He had given to Clara. The next morning, Grandfather suggested that they now write to Grandmamma and ask her if she would come to visit. But the children had another plan in their heads, for they wanted to prepare a great surprise for Grandmamma. Before the woman visited, Clara wanted to practice* walking alone.

They asked Grandfather how long it would take before Clara could walk a few steps without help. He estimated* a week or two. They immediately sat down and wrote an invitation* to Grandmamma and asked her to come soon. Clara awoke each morning, feeling pure joy.

Every day, she found walking easier and was able to go a longer distance. Walking also made her hungrier than she ever was before. And so another week went by, and the day of Grandmamma's second visit came.

---

practice 연습하다 **estimate** 판단하다, 추정하다 **invitation** 초대장

Chapter 23

"Good-bye till We Meet Again"

클라라는 한층 건강해지고 부축을 받으면 걸을 수 있을 정도가 된다.
클라라의 할머니와 아버지는 기뻐하며 하이디와 할아버지에게 고마워한다.
죄책감으로 불안감에 시달리던 페터는 자신의 잘못을 고백하고
할아버지는 하이디의 장래를 제제만 씨와 상의한다.

Grandmamma wrote the day before her arrival to let the children know that she was coming. Peter brought up the letter early the following morning. After Peter handed the letter to Grandfather, he backed away, looking frightened.

"Grandfather, why does Peter always act

afraid lately?" asked Heidi.

"Perhaps Peter fears the punishment* he deserves," answered Grandfather. Heidi now began to clean the hut. Clara looked on, amused and interested, watching the busy Heidi at her work. When Grandmamma finally arrived, she saw the two children sitting next to each other.

"Why are you not in your chair, Clara?" Grandmamma asked. "You look so healthy! Is it really you?" Heidi held the other girl's arm, and the two children began walking toward the woman. Grandmamma could not believe her eyes! Clara was actually* walking steadily.* Laughing and crying, she ran to them and embraced* first Clara and then Heidi.

"My dear Uncle!" cried Grandmamma. "Did you do this?"

---

punishment 벌 **actually** 실지로, 실제로 **steadily** 착실하게, 차근차근
embrace 포옹하다, 껴안다

"It was just the mountain air and sun," he answered, smiling.

"Yes, and don't forget the beautiful milk I have," said Clara.

"You have grown quite strong, plump,* and taller, too." said Grandmamma. "I must telegraph* my son in Paris and tell him he must come here at once."

Grandfather whistled to Peter to call him down the mountain so he could deliver* the message to Dörfli. They ate dinner together and described* to Grandmamma how Clara learned to walk.

Meanwhile, Mr. Sesemann, who had finished his business in Paris, had also been preparing a surprise. Without saying a word to his mother, he got into the train one sunny morning and decided to travel to Dörfli. Mr. Sesemann found the climb up the mountain long and fatiguing. He went on and on, but still he did not see a hut. Yet, he knew he was going the right way because the path had been described to him over and over again.

Mr. Sesemann was climbing up the mountain that day to visit Heidi and his daughter. But now someone came running down the mountain. It was Peter with the telegram* in his hand! Mr. Sesemann saw the boy and called him over.

"Tell me," he asked Peter. "Is this the way to the hut where the old man and the child, Heidi, live?"

Peter thought that he must be the policeman from Frankfurt! He turned and ran, dropping the telegraph.

"How timid these mountain people are!" thought Mr. Sesemann. The man continued walking up the mountain while Peter fell and was rolling down the

---

plump 포동포동한, 토실토실한 telegraph 타전하다, 전송하다 deliver 배달하다, 전하다 describe 묘사하다, 기술하다 telegram 전보, 전신

mountain. He finally rolled into a bush. He lay there for a few moments, thinking.

Suddenly, Peter jumped up again. His whole body hurt from his fall, but he had to go back up to the mountain to take care of the goats. So he began to climb back up again. When Mr. Sesemann finally arrived at the top of the mountain, two figures came walking toward him. One was a tall girl with fair hair and pink cheeks, leaning* on Heidi. Mr. Sesemann did not know if he was awake or dreaming.

"Don't you know me, Papa?" she said to her father. He ran to his daughter and hugged her.

"Are you really my little Clara?" he kept on saying. "Well… are you still well and happy in your mountain home? It is a pleasure for me to see you," he said to Heidi. The girl's heart filled with happiness. Grandmamma now led her son to introduce him to Grandfather. Grandmamma looked under the fir trees and saw beautiful blue flowers lying there.

"They are so beautiful!" said Grandmamma. "Heidi, did you put them there?"

"No, no, I did not put them there," said Heidi. "But I know who did."

At this moment they saw Peter, who was trying to hide. He was trying to get past them without being seen. Grandmamma thought that he put the flowers there and was being shy.

"Come here," she said to him. "Do not be afraid. Was it you who did it?"

He couldn't look at her face. He thought that she was talking about the chair.

"Yes," replied Peter.

"Why are you so frightened?" said Grandmamma.

---

lean 기대다, 기대서다

"Because it is all broken to pieces, and no one can put it together again." Peter felt as if he couldn't stand.

"Is that poor boy crazy?" asked Grandmamma.

"No," said Grandfather. "It is just that he is the one that pushed the chair down the mountain. He is waiting to be punished."

Grandmamma found this hard to believe, but Grandfather had seen how much Peter did not like Clara.

"No, we will not punish the poor boy anymore," said Grandmamma. "We are the same people who took away his best friend and left him alone. He was angry and acted stupidly.* Come here, boy, and stand in front of me, for I have something to say to you. When we do something wrong that no one else knows about, we think we will not be punished. However, God sees everything we do. When we do something wrong, we will think forever about what we did and will find no peace. Even though you tried to hurt Clara, she learned to walk because she did not have her chair. God turned the evil* you did into good. If you want to be happy, do not do evil things."

"I understand," answered Peter.

"Now, what would you like best as a present?" she asked.

Peter stared at the old woman. Finally, he began to realize that he was no longer in trouble.

"But I lost the paper, too," he said shyly.*

"You are a good boy to tell me!" said Grandmamma. "Now, what would you like me to give you?"

Peter did not know what to ask for. Whenever he went to the fair,* there were

---

stupidly 어리석게 **evil** 악, 나쁜 행동 **shyly** 부끄러워하며, 겁내어 **fair** 장, 품평회

so many things he wanted to buy. Yet, he never had enough money.

"A penny," answered Peter, who was no longer in doubt. Grandmamma could not help laughing.

"A penny is nothing!" she told him. "Every Sunday throughout the year, you can take out a penny to spend."

"As long as I live?" said Peter quite innocently. Grandmamma laughed still more at this.

"Yes, boy, you shall have it all your life," she said.

Mr. Sesemann nodded and joined in the laughter.

"Thank God!" shouted Peter, and he ran up the mountain with pure happiness.

Later, after dinner, everyone was sitting together, chatting.

"I want to give something to Alm-Uncle," Clara spoke to her father privately.

"You cannot imagine all of the things he has done for me."

"That is just what I wish most myself, Clara," replied her father. Mr. Sesemann now went over to Alm-Uncle.

"With the help of God, you have made my daughter whole and strong." said Mr. Sesemann. "What could I possibly do for you?"

Grandfather had listened to him quietly with a smile of pleasure on his face as he looked at the happy father.

"Seeing your daughter cured has also brought me joy," said Grandfather. "I have enough for myself and the child as long as I live. I only want one thing."

"Tell me what it is," said Mr. Sesemann.

"I am growing old and shall not be here much longer," said Grandfather. "When I

---

cannot help -ing ~하지 않을 수 없다

leave this world, I don't want Heidi to have to live with strangers."

"I consider Heidi my daughter, too," said Mr. Sesemann. "Our family will always care for* her. Also, our good friend, the doctor, has decided to move to Dörfli. If something happens to you, Heidi will not have to leave Dörfli and can live with him. Heidi, is there something you wish for?"

"Yes, there is," answered Heidi.

"Then tell me at once, dear," said Mr. Sesemann. "What is it?"

"I want to have the bed I slept in at Frankfurt." said Heidi. "I want to give it to Grandmother, so she will be warm and comfortable."

"That is a wonderful idea," said Grandmamma. "Poor Grandmother has not seen Heidi for too long because of us. Let's all go down to her together to tell her the good news."

Clara and her father agreed to the plan. They would spend the night in Dörfli and then travel in Switzerland for the rest of the summer.

As they walked down the mountain, Grandmamma asked all about Grandmother. Heidi told her many details about the other woman's life, including* how cold she was in the winter.

Brigitta was watching them walk from her window. She told her mother that she saw them walking all together. The old woman thought that they were taking Heidi back to Frankfurt. Suddenly, the door of their house burst open.*

"Grandmother!" shouted Heidi. "My bed is being sent from Frankfurt with the three pillows. Grandmamma says it will be

---

care for ~을 돌보다 including ~을 포함하여 burst open 벌컥 열리다

here in two days."

"She must indeed be a good, kind lady," said Grandmother. "You will go live with her?"

"No, no, there is no thought of such a thing!" said Grandmamma. "Heidi is going to stay with you and make you happy. We want to see her again, but we shall come to her."

"I did not think it possible that there were so many kind people," said Grandmother. "It makes me believe in God!" Grandmother continued to thank Clara's family for their kindness.

At last, Mr. Sesemann and his mother were able to continue their journey downward, while Grandfather carried Clara back up the mountain.

The next morning, when it was time for Clara to leave, both girls wept and said goodbye. But they looked forward to next summer. Clara would be able to walk even better next summer!

Mr. Sesemann now told the children it was time to go. Grandmamma's white horse was waiting for Clara. Heidi waved* at Clara until she disappeared.

Two days later, the bed arrived. Grandmamma also sent warm winter clothes.

The doctor arrived in Dörfli. He decided to buy the house that Grandfather and Heidi used during the wintertime. He began to completely* rebuild* it, so that he could have his space* and Heidi and Grandfather could stay there during the winter. The doctor and Grandfather became friends and spent time with each other every day.

"Dear friend, I will take care of Heidi,"

---

wave 손을 흔들어 인사하다 **completely** 완전히 **rebuild** 재건하다, 개축하다
space 공간, 장소

the doctor told Grandfather. "I will treat her like she is my child. You do not have to worry about her."

Grandfather did not speak, but he clasped* the doctor's hand in his. The doctor could read in the old man's eyes how greatly moved he was and how glad and grateful he felt.

Heidi and Peter were sitting with Grandmother. They told her and Peter's mother about everything that happened that summer. Brigitta finally understood why Peter had a penny every Sunday!

"Heidi, read me one of the hymns!" exclaimed the old woman. "All that I can do is to thank God for the rest of my life!"

---

clasp 꽉 쥐다, 껴안다

전문번역

산 위의 알름 아저씨에게

p.12 오래 되고 기분 좋은 마을 마이엔펠트에서 좁은 길 하나가 푸른 초원을 지나 산기슭까지 나 있다. 등산하는 사람이 산에 다가가면, 오솔길은 경사가 심해진다. 그는 풀밭과 산에 사는 식물들의 강렬한 냄새를 마실 수 있다.

p.13 어느 화창한 6월 아침에 두 사람이 산을 오르고 있었다. 한 사람은 키가 크고 튼튼해 보이는 젊은 여자였고, 다른 한 명은 발갛게 물든 뺨과 햇볕에 그을린 피부를 지닌 아이였다. 6월이었음에도 불구하고 그 아이는 겨울옷을 입고 있었다.

두 사람이 되르플리라고 알려진 마을에 도착했을 때는 두 시간 동안 걸은 후였는데, 그 마을은 산 중턱에 있었다. 젊은 여자가 이 마을 출신이었기 때문에 이곳에서는 많은 사람들이 이 여행자들을 맞아 주었다.

"피곤하니, 하이디?" 젊은 여자가 아이에게 말했다.

"아니요, 하지만 더워요."

"조금만 더 걸으면 돼." 젊은 여자가 기운을 돋우는 목소리로 말했다. "한 시간 후면 우리는 그곳에 가 있을 거야."

p.14 이제 바르벨이라고 불리는 어떤 뚱뚱하고 친절해 보이는 여자가 그들에게 합류했는데, 그녀는 모든 사람과 모든 일에 관해 말해 주었다.

"그 아이와 함께 어디에 가고 있는 거야, 데테?" 그 여자가 물었다. "이 아이는 너희 언니의 아이인 것 같은데?"

"맞아." 데테가 대답했다. "이 아이를 알름 아저씨께 데려다 주려고 올라가는 중이야. 그곳에서 이 아이가 지내야 하거든."

"제정신이니, 데테? 그 노인네는 그 아이를 자신과 함께 살게 두지 않을걸!"

"아저씨가 아이의 할아버지니까 그렇게 하셔야 해. 그 아이를 위해 무언가 해 주는 것이 그분의 의무라고."

"하지만 그 노인네는 다른 사람들과는 달라." 바르벨이 말했다. "그 아이는 아마 그 노인네와 살지 못할 거야. 그런데 너는 어디에 살 거야?"

"프랑크푸르트에 있는 아주 부잣집에." 데테가 대답했다. "그들은 지난여름에 바스에서 지냈고, 그들의 방을 청소하는 것이 내 일이었어. 그들은 나를 데려가고 싶어 했지만, 나는 떠날 수 없었지. 그들이 나에게 다시 자기들을 위해 일해 달라고 부탁했어."

p.15 "내가 그 아이가 아닌 게 다행이다!" 바르벨이 소리쳤다. "저 위에 있는 노인네에 대해서는 아무것도 아는 사람이 없어! 그 노인네는 누구에게도 말을 걸지 않고 교회도 안 다녀. 수염과 눈썹은 엄청 숱이 많아서 심술궂어 보여."

"그래서?" 데테가 말했다. "아저씨는 그래도 저 아이의 할아버지야. 아저씨가 그 아이에게 상처를 주지는 않으실 거야. 만약 그렇게 하시더라도 내 책임은 아니고."

"그 노인네 같은 사람은 무슨 생각을 하는지 알고 싶다니까." 바르벨이 말했다. "그 노인네에 관해서는 온갖 종류의 말들이 많아. 데테, 너 분명히 네 언니로부터 그 노인네에 관해서 들었을 텐데."

"그래, 들었어." 데테가 말했다. "하지만 내가 들은 것을 되풀이해서 말하지는 않을래."

이제 바르벨은 혼자 사는 그 남자에 대해 몹시 알고 싶어졌다. p.16 사람들이 왜 그 노인에 관해 쑥덕거렸을까? 게다가 바르벨은 되르플리에 있는 모든 사람들이 그 노인을 알름 아저씨라고 부르는 이유를 몰랐다. 데테는 되르플리에서 태어났고, 자신의 어머니가 지난해에 죽기 전까지는 그녀와 함께 그곳에서 살았다. 그 후 데테는 바스에서 객실 담당 여종업원으로 일하기 시작했다. 그래서 바르벨은 자신의 호기심을 채워 줄 이 좋은 기회를 놓치지는 않겠다고 결심했다.

"이 아저씨는 누구인데, 왜 모든 사람들을 싫어하니?" 바르벨이 물었다.

"내가 그 아저씨에 대해 어떻게 알겠어?" 데테가 말했다. "나는 스물여섯 살이고 아저씨는 일흔 살이셔. 만약 우리 어머니가 내게 말해 주신 것을 네게 말해 주면, 너는 모두에게 말할 거잖아."

"말도 안 돼, 데테." 바르벨이 말했다. "나는 비밀을 지킬 수 있어."

"좋아, 그럼 말해 주겠지만 잠깐 기다려." 하이디가 어디에 있는지 보려고 시선을 돌리며 데테가 말했다. 데테는 자신이 하는 말을 하이디가 듣는 것을 원하지 않았다.

p.17 "하이디는 저쪽에 염소치기와 함께 있어." 바르벨이 말했다. "염소치기가 저쪽에 있는 하이디를 지켜볼 수 있어. 하이디는 네 말을 듣지 못해."

"하이디는 그 소년이 자기를 지켜보는 것을 필요로 하지 않아. 하이디는 아주 영리하고 모든 것에 주의하지. 알름 아저씨는 예전에 돔레슈에서 가장 큰 농장들 중 하나를 소유하셨었어. 알름 아저씨는 두 형제 중 형이었지. 동생 분은 조용하고 품행이 바르셨어. p.18 하지만 알름 아저씨는 음주와 도박으로 자신의 재산을 모두 탕진하셨지.

그분의 부모님께서는 슬퍼하시다가 돌아가셨어. 돈이 없었던 동생 분은 어딘가로 떠나셨지만, 그게 어디인지는 아무도 몰라. 10년인가 15년 후, 알름 아저씨는 토바이어스라는 어린아이와 함께 돔레슈로 돌아오셨고, 그 아이를 가족들 중 누군가에게 맡기려고 하셨지. 하지만 아무도 그분을 도와주는 것을 원하지 않았어. 알름 아저씨는 다시는 그곳에 돌아가지 않기로 맹세하셨어.

그런 다음 아저씨는 되르플리로 오셨고, 그곳에서 아들과 함께 계속 사셨어. 나이를 먹었을 때, 아들은 목수가 되었어. 되르플리에 사는 모든 사람이 그 청년을 좋아했지만, 우리는 청년의 아버지는 신뢰하지 않았어. 나의 증조 외할머니가 그분의 작은 할머니셔서 우리는 그분을 아저씨라고 불렀지. 그분이 산허리에 살러 가신 이후로 모두 그분을 알름 아저씨라고 불러."

"그리고 토바이어스에게는 무슨 일이 일어났어?" 바르벨이 물었다.

"토바이어스는 멜스에서 목수가 되는 법을 배웠어. 되르플리로 돌아왔을 때, 토바이어스는 우리 언니 아델라이데와 결혼했어. 토바이어스 형부가 일터에서 사고로 죽기 전까지 그들은 행복한 결혼 생활을 했지. 그 후 아델라이데 언니는 병이 났어. p.19 그리고 토바이어스 형부가 죽은 지 두 달 후, 아내였던 우리 언니도 형부를 따라갔지.

어머니와 나는 아델라이데 언니의 딸을 데려왔는데, 당시 겨우 한 살이었어. 어머니는 작년에 돌아가셨고, 나는 돈을 좀 벌려고 바스로 내려갔지. 나는 내가 일하는 동안 아이를 데리고 있으면서 돌봐 달라고 노부인에게 돈을 지불했어. 이제 내가 예전에 일해 주었던 가족이 내가 다시 자신들을 위해 일해 주기를 바라고 있는 상황이야."

"그리고 너는 그 아이를 저 위에 있는 노인네에게 주려는 거고?" 바르벨이 말했다.

"나는 아이에 대한 내 의무를 다해 왔어." 데테가 말했다. "나는 다섯 살짜리 아이를 프랑크푸르트로 데려갈 수 없거든. 그런데 너는 어디에 가는 중이야?"

"내가 가려고 했던 곳에 지금 막 도착했어." 바르벨이 대답했다. "염소치기 집 아주머니께 할 말이 있거든. 그럼 잘 가, 데테. p.20 행운을 빌어!"

데테는 자기 친구와 악수를 하고 바르벨이 짙은 갈색의 작은 오두막집을 향해 가는 동안 그대로 서 있었다. 그 오두막집은 낡고 안전해 보이지 않았다. 폭풍우를 몰아오는 남풍이 산 너머로 불어오면 그 안에 있던 모든 것, 문짝들과 창문들이 흔들렸다. 여기에 페터가 살았다. 페터는 매일 아침 마을의 염소들을 산 위로 데려갔다가 저녁마다 다시 산 아래로 데리고 내려오는 열한 살짜리 소년이었다.

페터는 하루 종일 산에 있어야 하기 때문에 오로지 저녁에만 자신의 친구들을 만날 시간이 났다. 페터의 집에는 어머니와 눈이 안 보이는 할머니가 있었다. 페터의 아버지 역시 염소치기였는데, 몇 년 전에 나무를 하다가 사고로 죽고 말았다. 페터의 어머니의 이름은 브리기타였고, 한편 눈이 안 보이는 할머니는 되르플리에 있는 모든 사람에게 '할머니'라고 불렸다.

p.21 데테는 아이들과 염소들을 찾아 사방을 살펴보았지만, 그들을 볼 수 없으므로 더 높은 지점으로 올라갔다. 데테는 불안해지고 있었다. 한편 아이들은 페터가 알고 있는 많은 근사한 장소 쪽으로 멀찌감치 올라가고 있었다. 하이디는 자신의 두꺼운 옷 때문에 페터를 따라가는 것에 애를 먹고 있었다. 하이디는 아무 말도 하지 않았지만, 페터와 염소들이 아주 쉽게 올라가는 것을 부러워했다. 마침내 하이디는 땅에 주저앉아 자신의 옷을 벗기 시작했고 짧은 소매의 속옷만 입고 있게 되었다. 그런 다음 페터와 염소들을 쫓아 껑충껑충 뛰어 올라갔다.

하이디가 자신에게 달려오는 것을 보았을 때 페터는 환하게 미소를 지었다. 하이디는 친구에게 많은 질문을 했는데, 가령 염소를 몇 마리 가지고 있는지 그리고 그 염소들과 어디로 가는 길인지와 같은 것이었다. p.22 드디어 그들은 데테가 자신들을 볼 수 있는 곳으로 다가갔다.

"하이디, 무엇을 하고 있었어?" 데테가 물었다. "무엇을 입고 있는 거야? 네 옷과 네 새 신발, 새 스타킹은 어디에 있니?"

"저기 아래에요." 하이디가 말했다.

"아무짝에도 쓸모없는 녀석!" 데테가 화를 내며 소리쳤다. "왜 옷을 벗은 거니?"

"저는 옷을 원하지 않아요." 하이디가 말했다.

"생각이 없는 아이로구나!" 데테가 말을 이었다. "누가 네 옷을 가져올 건데? 그 옷을 가지고 오는 데 30분이 걸릴 거야. 페터, 가서 하이디의 옷을 가져오렴."

"저는 염소들을 데리러 가야 해요." 페터가 느릿느릿 대답했다.

"시간 낭비하지 마라." 데테가 말했다. "만약 네가 옷을 가져다주면, 너에게 뭔가 근사한 것을 주마." p.23 데테는 반짝이는 새 돈을 하나 내밀었다. 페터는 즉시 산을 내려갔다. 페터가 아주 빨리 다시 돌아와서 데테는 그를 칭찬해 주고 자신이 약속했던 돈을 건넸다. 페터의 얼굴은 기쁨으로 빛났다.

"가는 길이 같으니까 내 대신 그 옷들을 알름 아저씨에게 가지고 가 줄 수 있겠구나." 데테가 말했다. 페터는 데테를 따라갔고 한편 하이디와 염소들은 페터 옆에서 즐겁게 뛰어다녔다. 마침내 그들은 알름 산의 꼭대기에 도착했다.

알름 아저씨의 오두막집은 바람이 불고 양지 바른 곳에 서 있었다. 오두막집 뒤에는 세 그루의 오래된 전나무가 서 있고 아름다운 식물들이 자라는 더 많은 산들이 있었다. 알름 아저씨는 조용히 경치를 바라보며 오두막집 밖에 앉아 있었다. 하이디가 먼저 알름 아저씨를 보았다.

p.24 "안녕하세요, 할아버지." 하이디가 말했다.

"이 소리가 무슨 소리냐?" 알름 아저씨가 아이의 손을 잡고 흔들며 묻고 호기심 어린 눈빛으로 아이를 빤히 쳐다보았다. 하이디는 그가 덤불처럼 보였기 때문에 알름 아저씨를 똑바로 쳐다보며 외면하지 않았다. 그러는 동안 데테가 자신을 따라오는 페터와 함께 나타났다.

"좋은 하루 보내시기를 바라요, 아저씨." 데테가 알름 아저씨 쪽으로 다가가며 물었다. "제가 아저씨께 토바이어스 형부와 아델라이데 언니의 아이를 데려왔어요. 아이가 한 살이었던 이후로 본 적이 없으시니까 거의 알아보지 못하실 거예요."

"이 아이가 왜 여기에 온 거냐?" 노인이 예의 없게 물었다. "거기 너." 그런 다음 페터에게 소리쳤다. "염소들을 데리고 가라." 페터가 재빨리 사라졌다.

"이 아이는 아저씨와 지내려고 여기 온 거예요." 데테가 대답했다.

"그거였어?" 노인이 말했다. "아이가 네가 보고 싶어서 울면, 나더러 어떻게 하라고?"

p.25 "그것은 아저씨가 선택하셔야 할 일이에요." 데테가 말했다. "저는 돈을 벌러 가야 하고, 아저씨는 이 아이의 가장 가까운 가족이에요. 만

약 아이를 데리고 있지 못하시겠다면, 그 아이를 돌볼 다른 누군가를 찾으셔야 해요."

이제 데테는 자신이 하는 일에 대해 죄책감을 느꼈다. 노인이 자리에서 일어났다.

"가 봐라." 노인이 데테에게 말했다. "다시는 네 낯짝을 내 앞에 내밀지 마라."

데테는 서둘러 떠났다.

"그러면 안녕히 계세요. 그리고 너도 잘 있어, 하이디." 산을 달려 내려가기 시작하면서 데테가 말했다. 마을에서는 모두가 그 아이가 누구이며 어디에 있는지 데테에게 물었다. 데테는 그 아이가 알름 아저씨와 함께 있다고 말했다.

"어떻게 그런 짓을 할 수 있니?" 마을의 여인들이 말했다. p.26 그들은 데테를 뒤쫓았다. 데테는 그들의 목소리가 더 이상 들리지 않을 때까지 마을에서 달아났다. 데테는 자신이 아이에게 한 일에 대해 기분이 좋지 않으나 자신은 옳은 일을 하고 있는 것이라고 스스로에게 말했다.

할아버지와 함께 집에서

p.27 하이디는 주변을 둘러보기 시작했다. 하이디는 염소들이 사는 곳과 전나무들을 보았다. 하이디는 바람 소리에 귀를 기울였다. 마침내 하이디는 자신의 할아버지를 빤히 쳐다보았다.

"네가 하고 싶은 것은 무엇이니?" 할아버지가 하이디에게 물었다.

p.28 "할아버지가 집 안에 무엇을 가지고 계신지 보고 싶어요." 하이디가 말했다.

"그럼 들어오너라! 네 옷들도 가지고 오렴." 할아버지가 하이디에게 말했다.

"그 옷은 더 이상 필요 없어요."

"왜 필요 없지?"

"염소들처럼 뛰어다니고 싶으니까요."

"그러고 싶으면 그러렴." 할아버지가 말했다. "그래도 네 옷들은 벽장 안에 넣어 두어야 한다."

하이디는 들은 대로 했다. 할아버지는 이제 집의 문을 열었고, 하이디는 그를 따라 안으로 들어갔다. 그것은 몇 개의 가구, 몇 벌의 옷, 그리고 약간의 음식이 있는 아담한 크기의 방이었다.

"저는 어디에서 자요, 할아버지?" 하이디가 물었다.

"네가 좋아하는 곳으로 아무 데나 고르렴." 할아버지가 대답했다.

하이디는 아주 기뻤다. 할아버지의 침대 근처 구석에서, 하이디는 벽에 기대 놓은 길이가 짧은 사다리를 보았다. 하이디는 위로 올라갔고 건초를 두는 곳에 있게 되었다. p.29 향긋한 냄새가 나는 건초와 아름다운 조망을 지닌 창문이 하나 있었다.

"저는 여기에서 잘래요, 할아버지." 하이디가 말했다. 하이디와 할아버지는 잠자리를 만들었다.

"이제 식사를 해야 할 것 같구나." 할아버지가 말했다. "너는 어떻게 생각하냐?"

자신의 잠자리를 만드느라 아주 신이 나 있었기 때문에 하이디는 그 외의 다른 것은 모두 잊고 있었다. 하지만 이제 음식 생각을 하기 시작하자 하이디는 몹시 배가 고프다고 느꼈다.

"네, 저도 그렇게 생각해요." 하이디가 주저하지 않고 대답했다.

그들은 사다리를 내려왔다. 그런 다음 난로로 다가갔다. 할아버지는 작은 찻주전자를 불 위에 올려놓았다. 찻주전자는 곧 끓기 시작했다. p.30 그동안 할아버지는 큼직한 치즈 조각을 긴 쇠 포크에 꽂아 불 위에 올려 두었다. 하이디는 일어나고 있는 모든 일을 열렬한 호기심을 가지고 지켜보았다.

별안간 하이디에게 생각이 하나 떠올랐다. 하이디는 돌아서서 찬장으로 달려갔다. 하이디는 칼과 빵 덩어리들로 식탁을 차렸다.

"아, 괜찮구나." 할아버지가 말했다. "네가 혼자서 생각을 해 내는 것을 보니 기쁘구나." 할아버지는 말하면서 구운 치즈를 빵 한 겹 위에 올려놓았다. "하지만 여전히 무언가 빠져 있는 것이 있구나."

하이디는 재빨리 다시 찬장으로 달려갔다. 하이디는 찬장에서 그릇 하나와 두 개의 유리컵을 찾아냈다. 하이디는 돌아와서 식탁에 그것들을 올려놓았다.

"잘했구나. 네가 식탁을 차리는 방법을 안다는 것을 알겠지만, 앉을 자리에 대해서는 어떻게 할래?" 할아버지는 방 안에 있는 유일한 의자에 앉아 있었다. 하이디는 벽난로 쪽으로 나는 듯 달려가 세발 스툴을 식탁으로 끌어와서 그 위에 앉았다.

p.31 "음, 네가 앉을 의자를 찾았구나. 그래, 하지만 그것은 높이가 너무 낮구나." 할아버지가 말했다. "하지만 내 의자에 앉더라도 네가 식탁에 닿을 만큼 키가 커지지는 않을 거야. 하지만 지금 가장 먼저 할 일은 먹을 것을 먹는 거야. 이리 와라."

할아버지는 일어서서 염소젖으로 그릇을 채웠고, 그것을 의자 위에 올려 하이디 앞으로 밀어 주었다. 그런 다음 커다란 빵 조각과 황금색 치즈 한 조각을 가지고 와서 먹으라고 말했다. 그 이후 할아버지는 식탁 모서리로 가서 앉은 다음 자신의 식사를 하기 시작했다.

"그 염소젖은 맛이 괜찮았니?" 식사하는 것을 마친 후 하이디의 할아버지가 물었다.

"이렇게 맛있는 것은 전에 마셔본 적이 없어요." 하이디가 대답했다.

"그렇다면 좀 더 마셔야지." 할아버지는 하이디의 그릇이 그득하게 넘치도록 다시 가득 채워 그것을 이제 허겁지겁 빵과 치즈를 먹고 있는 아이 앞에 놓았다. p.32 식사를 마쳤을 때 할아버지는 염소 우리를 청소하러 밖으로 나갔고, 하이디는 흥미롭게 지켜보았다. 그런 다음 할아버지는 다른 창고로 가서 다른 스툴보다 더 높이가 높은 스툴을 가지고 돌아왔다.

"저것이 무엇일까?" 할아버지가 물었다.

"제 걸상이요." 하이디가 말했다.

'이 아이는 자기가 보는 것을 이해하는군.' 할아버지는 오두막집을 고치는 일을 계속하며 속으로 생각했다. 하이디는 열심히 할아버지를 지켜보았다.

그리고 그렇게 즐겁게 시간이 지나가고 저녁이 되었다. 하이디는 전나무에서 들리는 바람 소리에 즐거워졌다. 할아버지는 창고 쪽에 서서 하이디를 지켜보았다. 갑자기 날카로운 휘파람 소리가 들렸다. 하이디는 춤추던 것을 멈추었고 할아버지가 나왔다. p.33 페터와 염소들이 산을 내려왔다. 하이디는 그날 아침부터 친구가 되었던 옛 친구들을 마중하러 달려갔다. 한 마리는 희고 한 마리는 갈색인 두 마리의 예쁜 염소들이 할아버지에게 달려오고 있었다. 염소들은 할아버지의 손에서 소금을 핥았다.

"우리 염소예요, 할아버지?" 하이디가 물었다. "염소들을 우리에 넣어 두실 거예요?"

"그렇단다." 할아버지가 대답했다. 할아버지는 가서 그릇과 빵을 가져

오라고 말했다.

하이디는 그릇을 가지고 다시 돌아왔다. 할아버지는 흰 염소의 젖을 짜서 그릇을 채웠다.

"이제 네 저녁을 먹어라." 할아버지가 말했다. "그리고 잠자리로 올라가렴. 나는 가서 염소들을 가두어 두어야 하니까. 그럼 가서 잘 자렴."

p.34 "안녕히 주무세요, 할아버지!" 하이디가 말했다. "염소들 이름은 뭐예요, 할아버지?"

"흰 녀석은 이름이 작은 백조이고, 갈색인 녀석은 작은 곰이란다." 할아버지가 대답했다.

"잘 자, 작은 백조야, 잘 자, 작은 곰아!" 하이디가 다시 말했다. 그런 다음 자리에 앉아 먹고 마시기 시작했다. 식사를 마친 후 하이디는 잠자리로 올라가서 비단 소파 위의 어린 공주처럼 달콤하게 잠을 잤다.

머지않아 그리고 여전히 땅거미가 내려 있을 때 할아버지도 잠자리에 들었다. 할아버지는 매일 아침 해 뜰 녘에 일어났고, 여름철에는 해가 아주 이른 시간에 산 너머로 떠올랐다. 밤에는 바람이 아주 거세어졌다. 오두막집 전체가 흔들렸다.

'아이가 무서워할 거야.' 할아버지는 생각했다. 할아버지는 사다리를 올라가 아이의 잠자리 옆으로 가서 섰다.

p.35 하이디는 잠을 자며 뺨에 홍조를 띠고 머리를 평화롭게 뉘인 채 무거운 담요 아래에 누워 있었다. 할아버지는 달이 다시 구름 뒤로 사라질 때까지 자고 있는 아이를 내려다보며 서 있었다. 그런 다음 자기 침대로 돌아갔다.

염소들과의 나들이

p.36 하이디는 다음날 아침 커다란 휘파람 소리에 잠에서 깼다. 둥근 창문을 통해 해가 비쳤다. 오늘 아침 하이디는 아주 기분이 좋았다. 무엇보다도 먼저 하이디는 즐겁게 두 마리의 사랑스러운 염소들에 대해 생각했다. 하이디는 재빨리 벌떡 일어나 침대에서 나왔다.

그런 다음 하이디는 사다리를 내려와 오두막집 밖으로 달려 나갔다. p.37 그곳에는 이미 페터가 자신의 염소 떼와 함께 서 있었다. 할아버지는 막 두 마리의 염소를 우리에서 데리고 나와 다른 염소들과 합류시키고 있었다. 하이디는 할아버지와 염소들에게 아침 인사를 하고 싶어 앞으로 달려갔다.

"너도 염소들과 함께 산으로 가고 싶으냐?" 할아버지가 물었다. 그보다 하이디를 더 기쁘게 해 주는 것은 없었을 것이다.

"하지만 너는 먼저 씻어야 한다." 할아버지가 말하면서 물이 가득 들어 있는 큰 물통을 가리켰다. "내가 너를 위해 모든 것을 준비해 놓았다."

하이디는 그곳으로 달려가 깨끗해질 때까지 씻는 것을 시작했다. 그 동안 할아버지는 페터에게 가방을 가지고 따라 오라고 말하면서 오두막집 안으로 들어갔다. 깜짝 놀란 페터는 할아버지를 따라가 식탁에 가방을 올려놓았다.

p.38 "가방을 열어라." 할아버지가 말했다. 그 안에 할아버지는 커다란 빵 조각과 그와 똑같은 크기 만한 치즈를 넣었고, 이 일은 페터의 눈이 휘둥그레지게 만들었다.

"여기 그릇이 있다!" 할아버지가 말을 이었다. "저 아이는 너처럼 염소에게서 직접 젖을 짜서 먹을 수가 없어. 저 아이는 너와 함께 갔다가 오늘 저녁에 돌아올 때까지 네 녀석과 함께 있을 거야. 조심해라! 나는 저 아이가 어떤 바위에서도 떨어지는 것을 원하지 않는다."

하이디가 이제 안으로 달려 들어왔다.

"저 깨끗해요?" 하이디가 걱정하며 물었다. 하이디는 수건으로 너무 많이 문질러서 피부가 바다가재의 껍질만큼 빨개졌다. 할아버지가 약간 웃음을 내비쳤다.

하이디는 즐겁게 산으로 출발했다. 하이디는 이리저리 뛰어다니고 기뻐서 소리를 질렀다. 밝은 색깔의 꽃들이 하늘거리는 들판에 깜짝 놀라 하이디는 페터와 염소들조차 잊고 말았다. p.39 하이디는 꽃들을 두 손 가득 뽑기 시작했고, 그 꽃들을 자신의 조그만 앞치마에 담았다. 하이디는 그것들을 모두 집으로 가져가고 싶었다.

"이리 와!" 페터가 불렀다. "너 암벽에 걸려 넘어지면 안 돼!"

"암벽이 어디에 있는데?" 하이디가 물었다. 하지만 하이디는 앉은 자리에서 움직이지 않았다.

"위쪽에." 페터가 말했다. "우리가 가야 할 길이 아직 머니까 따라와! 그리고 가장 높은 봉우리에는 맹금이 앉아서 울고 있어."

하이디는 앞치마에 꽃을 가득 담고 즉시 페터 쪽으로 달려 올라갔다.

"이제 충분히 땄구나." 그들이 함께 다시 산을 올라가기 시작할 때 페터가 말했다. "만약 네가 지금 꽃을 모조리 다 모은다면, 내일은 꽃이 하나도 없을 거야."

하이디는 페터를 따라갔고 염소들 역시 따라왔는데, 더 높은 곳에서 자라는, 그들이 아주 좋아하는 식물들의 냄새가 나기 시작하고 있기 때문이었다. p.40 페터가 그의 염소들을 위해 대개 멈추어 서는 장소는 높은 암벽 기슭에 있었다. 페터는 자신의 가방을 끌러 땅에 놓았다. 산에 높이 올라갈수록 바람이 몹시 강하게 불었고, 페터는 자신의 물건들을 잃어버리고 싶지 않았다. 그런 다음 더 높이 올라가기 전에 쉬려고 앉았다.

하이디는 페터 옆에 앉아서 주변을 둘러보았다. 골짜기는 아침 햇살에 잠겨 있었다. 짙은 파란 하늘과 대조적으로 반짝반짝 빛나는 하얀 눈이 덮인 들판이 있었고 작은 푸른 종들처럼 보이는 꽃들이 자라 있는 다른 들판이 있었다. 별안간 하이디는 머리 위에서 큰 울음소리를 듣고 눈을 치켜 떴으며, 새 한 마리를 보았다. 그것은 하이디가 여태껏 본 가장 큰 새였다. 새의 날개는 거대했고, 큰 원을 그리며 들판 너머로 날아갔다. 새는 산꼭대기 뒤로 사라졌다.

"새의 집이 바로 저 위에 있어?" 하이디가 물었다. p.41 "왜 새가 저런 소리를 내는 거야?"

"새도 어쩔 수 없으니까." 페터가 설명했다.

"저기로 올라가서 저 새의 둥지가 어디에 있는지 보자." 하이디가 제안했다.

"염소들조차도 그렇게 높이 올라가지는 못해." 페터가 대답했다. "게다가 네가 암벽에 걸려 넘어지면 안 된다고 알름 아저씨가 말씀하시지 않았니?" 이제 페터는 별안간 휘파람을 불기 시작했다. 염소들은 하나둘씩 암벽에서 들판으로 달려 내려갔다. 몇몇 염소들은 여전히 즙이 많은 식물을 먹고 뿔로 서로를 밀었다.

하이디는 벌떡 일어나 염소들 사이로 이리저리 뛰어다녔다. 하이디가 보기에 각각의 염소는 다른 성격을 지니고 있었다. 염소들과 노는 동안 하이디는 그 염소들 모두를 알게 되었다. 페터는 작은 그릇을 꺼내어 흰 염소로부터 신선하고 맛있는 젖을 그 그릇 안에 짰다. p.42 이제 페터는 하이디에게 오라고 소리쳤으나, 하이디는 자신의 새 친구들과의 놀이에 너무 신이 나고 즐거워서 그 외의 다른 것은 아무것도 보이거나 들리지 않았다.

"그만 뛰어다녀." 마침내 페터가 말했다. "점심 식사 시간이야."

"이 젖은 내 거야?" 하이디가 앉으며 물었다.

"그래." 페터가 대답했다. "그리고 커다란 빵 두 조각과 치즈도 네 거야."

"그러면 네 젖은 어느 염소한테서 얻어?" 하이디가 물었다.

"내 염소에서." 페터가 말했다. 하이디는 이제 그릇을 집고 자신의 젖을 마셨다. 그런 다음 자신의 빵 조각을 떼어 내고 나머지를 내밀었다. "이거 먹어. 나한테는 많아."

페터는 깜짝 놀라서 말도 못하고 하이디를 바라보았다. 페터는 잠시 주저했고, 하이디는 빵 조각을 페터의 무릎 위에 내려놓았다. p.43 페터는 음식을 쥐고 고맙다는 뜻으로 고개를 끄덕였다.

"염소들의 이름을 모두 나한테 말해 줘." 하이디가 말했다.

큰 뿔이 달린 투르크가 있었는데, 투르크는 언제나 다른 염소들과 싸우고 싶어 했다. 작은 염소인 방울새만이 투르크와 맞설 정도로 용감했다. 방울새는 빠르고 뿔은 날카로웠다. 그 다음에는 어린 흰 눈송이가 있었는데, 그 염소는 언제나 슬퍼 보였다. 하이디는 흰 눈송이를 계속해서 위로해 주려고 했다. 그 어린 동물은 하이디의 어깨에 자신의 머리를 문질렀다.

하이디는 염소들 중에서 가장 잘생기고 가장 멋진 염소들은 의심할 여지없이 자기 할아버지의 염소들이라고 결정한 터였다. 염소들은 이제 다시 암벽을 오르기 시작하고 있었다. 작은 백조와 작은 곰은 가볍게 올라갔으며 가장 좋은 덤불을 찾지 못하는 적은 한 번도 없었다. p.44 하이디는 뒷짐을 지고 서서 주의 깊게 염소들이 하는 모든 것을 지켜보고 있었다.

"페터, 염소들 중에서 가장 예쁜 염소들은 작은 백조와 작은 곰이야." 하이디가 말했다.

"그래, 나도 그렇다는 것을 알아." 페터가 말했다.

갑자기 페터가 벌떡 일어나 재빨리 염소들을 뒤쫓아 달렸다. 하이디는 가능한 한 빨리 페터를 따라갔다. 페터는 가파르고 위험한 암벽을 향해 달려갔다. 그곳에서는 호기심 많은 방울새가 껑충거리고 있었다. 페터는 방울새의 뒷다리 중 하나를 붙잡았다.

방울새는 자신이 발견한 것에 가지 못하게 되는 것에 화가 났다. 방울새는 달아나려고 애썼다. 페터는 하이디에게 도와 달라고 소리쳤다. 하이디는 재빨리 달콤한 향이 나는 나뭇잎들을 한 다발 모았다.

"이리 와, 방울새야." 하이디가 말했다. "그곳에서 떨어지면 네 다리가 부러질지도 몰라!"

어린 동물은 재빨리 몸을 돌렸고, 나뭇잎들을 먹기 시작했다. p.45 염소가 평화롭게 먹고 있는 동안, 아이들은 그 염소를 위험한 암벽에서 끌어냈다. 페터는 염소를 때리려고 손을 들어올렸다.

"방울새를 때리면 안 돼!" 하이디가 소리쳤다. "방울새가 얼마나 겁을 먹었는지 봐!"

"방울새는 맞아도 싸." 페터가 씩씩거렸다.

"너는 방울새에게 손댈 권리가 없어." 하이디가 말했다. "방울새가 다칠 거야!"

페터는 놀란 것처럼 보였다.

"음, 내일 네 치즈 몫에서 나에게 좀 더 주면 방울새를 때리지 않을게." 페터가 말했다.

"매일 너는 내 치즈를 모두 가지게 될 거야." 하이디가 말했다. "나는 치즈를 원하지 않아. 하지만 염소들 중 어떤 염소도 다시는 때리지 않겠다고 약속해야 해."

"알았어." 페터가 말했다. 이제 페터는 방울새를 보내주었고, 방울새는 즐겁게 껑충 뛰어 자신의 동료들에게 합류했다.

p.46 해가 높은 산 뒤로 져서 사라지려는 순간이었다. 저녁노을이 파란 종 모양의 꽃들을 비출 때 하이디는 다시 땅에 앉아 그 꽃들을 조용히 바라보고 있었다.

"페터!" 하이디가 소리쳤다. "모든 것이 불에 타는 것처럼 보여!"

"항상 그런 것 같기는 하지만, 실제로 불은 아니야." 페터가 말했다.

"그럼 뭐야?" 하이디가 소리쳤다.

"그냥 햇살일 뿐이야!" 페터가 설명했다.

"봐!" 하이디가 새로이 흥분하며 소리쳤다. "이제 산들이 모두 장밋빛으로 변했어! 저 눈 덮인 산은 뭐라고 불러?"

"산들은 이름이 없어." 페터가 말했다.

"오, 저 진홍색 눈 좀 봐!" 하이디가 소리쳤다. "그리고 암벽 위에 아주 많은 장미들이 있어! 오, 이제 그것들이 회색으로 변하고 있어! p.47 오, 이제 모든 색깔이 점점 엷어지고 있어! 모두 사라졌어, 페터!"

하이디는 마치 모든 것이 정말로 끝난 것 같은 비통한 마음을 가득 품고 바라보며 땅에 주저앉았다.

"내일이면 다시 나올 거야." 페터가 말했다. "일어나. 우리는 이제 집에 가야 해."

페터는 염소들에게 휘파람을 불었고 그들 모두는 함께 집으로 향하는 길로 출발했다. 하이디는 이제 다시 아주 행복했다. 하이디는 할아버지가 밖에서 기다리고 있는 오두막집으로 돌아왔다. 하이디는 할아버지에게 달려갔고 흰 염소와 갈색 염소가 그 뒤를 따랐다.

"내일 나와 또 같이 가자!" 페터가 말했다.

하이디는 재빨리 돌아가서 페터에게 함께 가겠다고 약속하며 손을 내밀었다.

하이디는 전나무들에게 돌아갔다. 그리고 꽃들이 담긴 앞치마를 열고 할아버지의 발에 모두 털어냈다. p.48 하지만 그 꽃들은 갈색이 되었고 더 이상 아름답지 않았다.

"꽃들이 어떻게 된 거예요?" 하이디가 물었다.

"꽃들은 양지에 있는 것을 좋아한단다." 할아버지가 말했다.

"그럼 저는 절대 더 이상 꽃을 모으지 않을게요." 하이디가 말했다. "왜 큰 새가 계속 울고 우리에게 소리를 지르는 거예요, 할아버지?"

"마을 사람들이 이러쿵저러쿵 남 이야기를 많이 하고 같이 모여 있기 때문에 새가 마을 사람들을 조롱하고 있는 것이란다." 할아버지가 대답했다. "새는 높은 곳에서 자유롭게 산단다. 그래서 염소들과 밖에 있는 것은 재미있었니?"

하이디는 할아버지에게 얼마나 즐거웠는지에 대해 말했다. 하이디는 다음날이 오기를 기다릴 수가 없었다.

페터의 할머니 찾아뵙기

p.49 날마다 하이디는 페터와 염소들과 함께 산에 갔다. 하이디는 너무나 튼튼하고 건강해져서 한 번도 병이 나지 않게 되었다. 하이디는 날마다 새처럼 자유롭게 살았다. p.50 그러더니 가을이 왔고, 바람은 소리가 커지고 강해져서 어떤 날에는 산에 갈 수가 없었다.

자신이 혼자서 가야 한다는 말을 들을 때마다 페터는 몹시 기분이 안 좋아 보였다. 하이디가 없으면 그날은 몹시 지루했다.

할아버지가 염소 치즈를 만들 때, 하이디는 할아버지가 커다란 단지에서 치즈를 휘젓는 것을 지켜보는 것을 아주 좋아했다. 하지만 하이디의 마음을 가장 끈 것은 이렇게 바람 부는 날에 세 그루의 오래된 전나무의 흔들림이었다. 날은 점점 더 추워지고 있었으나 하이디는 여전히 밖에 나가 그 거대한 나무들의 꼭대기에 있는 커다란 수수께끼에 경탄하는 것을 좋아했다.

어느 날 밤 큰 눈이 내렸고, 다음날 아침 산 전체가 눈으로 덮였다. 그날은 페터가 오지 않았고, 하이디는 경이롭게 밖을 내다보며 작은 창가에 서 있었다. 눈이 창문 높이까지 차오를 때까지 굵은 눈송이는 계속해서 떨어졌다.

p.51 다음날 할아버지는 오두막집에서 나갈 수 있도록 눈을 삽으로 퍼냈다. 정오에 누군가가 문을 두드렸다. 페터였다. 일주일 동안 하이디를 보지 못했기 때문에 페터는 하이디를 봐야겠다고 마음먹은 것이었.

"안녕하세요." 페터가 들어오며 말했다. 그런 다음 페터는 난롯가에 가서 앉았다. 그들이 함께 저녁을 먹을 때 페터는 하이디에게 자신은 학교에 다녀야 한다고 말했다. 하이디는 페터에게 할 질문이 많았다. 페터는 자신의 생각을 말로 옮기는 데 언제나 많은 어려움을 겪었지만, 하이디의 질문에 답하려고 최선을 다했다.

저녁 식사를 마치고, 페터는 집으로 돌아갈 준비를 하기 시작했다.

"다음 주 일요일에 다시 올게." 페터가 말했다. p.52 "또한 우리 할머니께서 네가 조만간 방문해 주었으면 하셔."

"오늘은 페터의 할머니를 뵈러 내려가야 해요." 하이디가 다음날 말했다. "할머니가 저를 기다리고 계실 거예요."

날마다 하이디는 할아버지에게 가야 한다고 계속해서 말했다. 나흘째 되는 날, 눈이 얼음으로 변했다.

"오늘은 할머니를 뵈러 반드시 내려가야 해요." 하이디가 다시 말했다. 마침내 할아버지는 하이디를 데려다 주기로 동의했다.

"이리 오세요, 할아버지!" 그들이 밖으로 나왔을 때 하이디가 소리쳤다. "전나무들이 온통 은빛과 금빛이에요!"

할아버지는 창고로 들어간 상태였고, 이제 커다란 눈썰매를 끌고 밖으로 나왔다. 할아버지는 썰매 안에 올라타고 아이를 자신의 넓적다리 위에 앉혔다. 할아버지는 하이디의 몸을 따뜻하게 유지해 주려고 담요로 덮어 주었다. p.53 할아버지는 두 발로 썰매를 앞으로 밀었다.

썰매는 산허리를 아주 빠르게 내려와서 하이디는 자신들이 날고 있다고 생각했다. 갑자기 그들은 멈추어 섰고, 그들은 페터의 오두막집에 있었다. 할아버지는 하이디를 들어 올려서 꺼내 주었다. 그런 다음 하이디를 남겨놓고 자기 뒤로 썰매를 끌며 산으로 올라갔다.

하이디는 오두막집의 문을 열었고 몹시 어둡고 좁아 보이는 아주 작은 방 안으로 발을 내디뎠다. 탁자가 문 가까이에 있었다. 하이디는 그곳에 앉아 있는 한 여인을 보았다. 한쪽 구석에 할머니가 한 명 앉아 있었는데, 그 할머니는 실을 잣고 있었다.

"안녕하세요, 할머니." 하이디가 말했다. "드디어 제가 왔어요."

할머니는 고개를 들고 하이디의 손을 잡았다.

p.54 "네가 알름 아저씨와 함께 위쪽에 사는 그 아이냐, 하이디지?" 할머니가 물었다.

"네." 하이디가 대답했다.

"네 손은 참 따듯하구나!" 할머니가 말했다. "브리기타, 알름 아저씨가 아이와 함께 오셨니?"

페터의 어머니는 하이디를 신기하게 바라보았다.

"모르겠어요." 페터의 어머니가 말했다.

"저는 할아버지와 함께 왔어요." 하이디가 말했다.

"여름 동안 페터가 하이디와 그 아이의 할아버지에 관해 말할 때 거짓말을 하고 있지는 않았던 것 같구나." 할머니가 말했다. "하이디가 어떻게 생겼니, 브리기타?"

"하이디는 아델라이데의 날씬한 모습이에요." 페터의 어머니가 말했다. "하지만 이 아이의 눈은 짙고 머리카락은 자기 아버지처럼 곱슬곱슬해요."

"할머니, 덧문들 중 하나가 앞뒤로 흔들리고 있어요." 하이디가 소리쳤다. "덧문들이 창문을 깨뜨리지 않도록 언젠가 할아버지가 할머니를 위해서 이것을 고쳐 주실 거예요!"

p.55 "나는 눈이 보이지 않는단다." 할머니가 말했다. "하지만 바람이 불면 이 집 안의 많은 물건들이 부서지는 소리를 들을 수 있지. 아무도 그것들을 고칠 수가 없구나. 페터는 고치는 방법을 모르거든."

"그런데 눈이 안 보이세요, 할머니?" 하이디가 물었다.

"이런, 애야, 나는 아무것도 보이는 것이 없단다." 할머니가 슬퍼하며 말했다.

이 말에 하이디는 울기 시작했다. 이제는 할머니가 하이디를 위로하려고 애썼으나, 하이디를 진정시키는 것은 쉽지 않았다.

"이리 오렴." 할머니가 말했다. "저 산 위에서 네가 무엇을 하는지, 그리고 네 할아버지에 관해 내게 말해 주렴. 나는 예전에 네 할아버지를 알고 지냈단다."

하이디는 이제 자신의 생활에 대해 이야기하기 시작했다. 하이디는 자신이 얼마나 행복하고 얼마나 할아버지처럼 되고 싶어 하는지 할머니에게 말했다.

p.56 "하이디가 알름 아저씨에 대해 이야기하고 있는 말이 들리니?" 할머니가 딸에게 물었다.

별안간 문에서 문 두드리는 소리가 났다. 안으로 들어와서 하이디를 보았을 때 페터는 깜짝 놀란 듯 보였다.

"뭐라고?" 할머니가 놀라서 소리쳤다. "페터가 벌써 학교에서 돌아왔어? 읽기 공부는 어떻게 되어 가고 있니, 페터?"

"맨날 똑같아요." 페터가 대답했다.

"나는 이때쯤이면 네가 뭔가 다른 이야기를 내게 해 주기를 바랐다." 할머니가 말했다. "이번 2월이면 너도 열두 살이 되잖니."

"페터가 뭐라고 말하기를 바라셨는데요?" 하이디가 물었다.

"페터는 지금쯤이면 읽는 것을 약간은 배웠어야 해." 할머니가 계속해서 말했다. "저 위 선반에는 아름다운 노래들이 들어 있는 오래된 기도서가 한 권 있단다. 나는 페터가 나에게 읽어 줄 수 있을 만큼 빨리 배우면 좋겠구나."

p.57 "등불을 가져와야겠어요." 페터의 어머니가 말했다. "너무 어두워져서 잘 안 보이네요."

"안녕히 계세요, 할머니!" 하이디가 문으로 다가가면서 말했다. "저는 어두워지면 즉시 집에 가야 해요."

"기다려, 하이디." 페터의 어머니가 말했다. "그렇게 혼자 가면 안 된다. 페터가 너와 함께 가야 해. 너는 무언가 따뜻한 것을 입어야 한단다!"

"저는 입을 것을 하나도 가지고 있지 않아요." 하이디가 대답했다. 하이디는 밖으로 달려 나갔고, 브리기타와 페터가 하이디를 뒤쫓았다. 하지만 그들은 하이디의 할아버지가 그들을 맞으러 내려오고 있는 것을 보았다. 그런 다음 할아버지는 담요로 하이디를 덮어 주고 하이디를 산 위로 데려갔다. 브리기타는 깜짝 놀랐다. 브리기타는 알름 아저씨가 하이디에게 얼마나 친절했는지 자기 어머니에게 말해 주었다.

"놀랍구나!" 할머니가 말했다. "하이디가 또 오면 좋겠다!"

p.58 "할아버지, 내일은 우리가 할머니 댁에 가서 부서진 것을 전부 고쳐드려야 해요." 그들이 집에 도착했을 때 하이디가 할아버지에게 말했다.

"우리가 해야 한다고?" 할아버지가 물었다. "누가 너에게 그러든?"

"저한테 누가 그러라고 한 것은 아니에요." 하이디가 말했다. "하지만 할머니가 집이 무너질까 봐 걱정하시는 것을 저는 알아요."

"그래, 하이디, 우리는 내일 그것에 대해 무슨 일이든 하게 될 거야!" 할아버지가 말했다.

할아버지는 약속을 지켰다. 다음날 오후 할아버지는 다시 썰매를 꺼냈다. 할아버지는 하이디를 페터의 할머니의 오두막집 문 앞에 내려 주었다.

"이제 안으로 들어가렴. 그리고 어두워지면 다시 나오너라." 할아버지가 말했다.

"또 그 아이구나!" 할머니가 기뻐하며 소리쳤다. 하이디는 페터의 할머니에게 달려갔고, 그런 다음에는 온갖 종류의 일에 관해 묻기 시작했다. 갑자기 그들은 문에서 나는 소음을 들었다.

p.59 "집이 우리 쪽으로 무너지려고 하는구나!" 할머니가 소리쳤다.

"아니, 아니에요, 할머니." 하이디가 말했다. "겁내지 마세요. 망치를 들고 계신 할아버지일 뿐이에요."

"그런 일이 과연 일어날까?" 할머니가 소리쳤다.

"안녕하세요, 아저씨." 브리기타가 밖에 있는 알름 아저씨에게 말했다. "어머니와 저는 아저씨께서 그렇게 친절한 일을 해 주시는 것에 대해 감사드립니다."

"그만하면 됐소." 할아버지가 말했다. "나에 대해 어떻게 생각하는지 알고 있소. 당신 도움이 없어도 내가 전부 고칠 수 있소."

브리기타는 다시 안으로 들어갔다. 할아버지는 덧문과 지붕을 고쳤다. 그러는 동안 날은 점점 어두워졌다. 하이디는 다시 밖으로 나왔다. 할아버지는 하이디를 담요로 덮어 주고 그녀를 따뜻하게 산 위로 데리고 갔다.

p.60 그렇게 겨울은 지나갔다. 기쁜 일이라고는 없었던 많은 세월을 보낸 후에 눈이 보이지 않는 할머니는 마침내 자신을 즐겁게 해 줄 무엇인가를 발견했다. 날마다 할머니는 하이디가 언제 자신을 방문하러 올지를

고대했다. 그리고 하이디 역시 연로한 할머니를 몹시 좋아하게 되었다.

두 번의 방문

p.61 2년이 지났다. 하이디는 여전히 새들처럼 근심 걱정 없고 즐거웠다. 하이디는 할아버지로부터 온갖 종류의 유용한 것들을 배웠다. 하이디는 염소들을 돌보는 방법을 알았고, 작은 백조와 작은 곰은 두 마리의 충실한 개처럼 하이디를 따라다녔다.

p.62 지난겨울에 두 번 페터는 되르플리에 있는 학교 교장으로부터 전갈을 가지고 왔었는데, 교장은 알름 아저씨에게 하이디를 학교에 보내야 한다는 말을 전했다. 알름 아저씨는 하이디를 학교에 보내지 않을 작정이라는 답신을 보낸 터였다.

어느 화창한 3월 아침에 하이디는 뛰어다니다가 겁을 먹고 넘어졌다. 하이디 앞에는 검은 옷을 입은 초로의 신사가 서 있었다.

"나를 무서워할 필요는 없단다." 신사가 말했다. "네가 분명 하이디겠지. 네 할아버지는 어디에 계시니?"

"할아버지는 식탁 옆에 앉아 계세요." 하이디가 문을 열며 신사에게 알려 주었다. 그는 되르플리 출신의 초로의 마을 목사였는데, 그는 알름 아저씨가 아래쪽 마을에 살 때 아저씨의 이웃이었다. 목사는 오두막집 안으로 발을 들였다.

p.63 "하이디 할아버님과 무엇 좀 상의드리러 왔습니다." 목사가 할아버지에게 말했다.

"하이디, 염소들에게 가 있으렴." 할아버지가 말했다. 하이디는 밖으로 달려 나갔다.

"아이는 학교에 가야 합니다." 목사가 말했다. "아이에게 무엇을 해 주실 생각이십니까?"

"나는 아이를 학교에 보내지 않을 생각입니다." 할아버지가 대답했다.

놀란 방문객은 건너편에 있는 할아버지를 보았고, 할아버지는 얼굴에 단호한 표정을 짓고 있었다.

"그렇다면 아이가 어떻게 자라게 두시려고요?" 목사가 물었다.

"나는 하이디가 염소와 새들 사이에서 자라고 행복해지게 놔둘 것이오." 할아버지가 말했다. p.64 "동물들과 함께 있으면 하이디는 안전하고 나쁜 것은 아무것도 배우지 않을 것이오."

"하지만 저 아이는 염소나 새가 아닙니다." 목사가 말했다. "저 아이는 인간이에요. 만약 저 아이가 그 아이의 이런 친구들로부터 어떠한 나쁜 것도 배우지 않는다면, 그와 동시에 아무것도 배우지 못할 것입니다. 아이가 아무것도 모르는 채 성장할 리는 없잖아요. 다음 겨울에는 아이가 매일 학교에 와야 합니다."

"아이는 그런 일은 하지 않을 것이오." 할아버지가 말했다.

"어떻게 이런 결정을 하실 수 있습니까?" 목사가 말했다. "할아버님은 세계를 돌아다니며 많은 것들을 배우셨잖습니까."

"겨울 동안 얼음과 눈 속에서 아이를 산 아래로 내려 보내는 것이 어떻게 안전할 수 있겠소?" 할아버지가 화를 내며 말했다. "학교 수업이 끝나면, 저녁 바람이 너무나 세서 아이가 여기에 안전하게 도로 올라올 수 없을 것이오."

"아주 옳으신 말씀입니다, 아저씨." 목사가 말했다. **p.65** "되르플리로 내려와서 거기에서 사십시오. 어떻게 여기에서 혼자 사시려고요?"

"아이는 건강하오." 할아버지가 말했다. "우리는 겨울에 따듯하게 지내오. 되르플리에 있는 사람들은 나를 싫어하고, 나도 그들이 싫소."

"아니에요, 아닙니다. 그것이 최선은 아니죠." 목사가 일어서며 말했다. "마을로 오셔서 그곳에서 살면 얼마나 행복하실 수 있을지 알아보십시오. 제게 손을 내밀어 주시고 다음 겨울에는 저희와 함께 다시 살러 오시겠다고 약속해 주세요."

"나를 걱정해 주어서 고맙소." 할아버지가 말했다. "하지만 다음 겨울에 마을로 내려가지는 않을 것이오."

"그렇다면 신의 가호가 함께 하시기를!" 목사가 말했고, 슬퍼하며 몸을 돌려 산을 내려갔다.

저녁 식사 도중에 또 다른 방문자가 도착했다. 이번에는 데테였다. 데테는 아름다운 깃털 장식이 있는 모자를 쓰고 긴 치마를 입고 있었다.

p.66 할아버지는 데테를 쳐다보았지만 말을 하지는 않았다. 데테는 하이디를 칭찬하기 시작했다. 그런 다음 할아버지에게 자신이 하이디에게 운 좋은 기회가 될 어떤 이야기를 들었다고 했다.

"제가 일해 주고 있는 사람들의 부유한 친척들에게 외동딸이 있어요." 데테가 말했다. "그 아이는 어리고 병약하지요. 그 아이는 걷지 못하고 휠체어를 사용해야 해요. 그 아이는 학교에 가지 못하기 때문에 따분해해요. 그 아이의 아버지는 딸을 위해 순수하고 때 묻지 않은 말동무를 찾아 주고 싶어 해요. 저는 즉각 하이디를 생각했어요. 제가 그 가족에게 하이디에 관해 말했을 때 그들은 즉시 하이디를 데려오는 것에 동의했어요. 그것은 하이디에게 근사한 기회가 될 거예요! 하이디는 프랑크푸르트에서 그들과 함께 살러 가야 해요."

"해야 할 말은 다 한 거냐?" 알름 아저씨가 말했다.

p.67 "하이디 생각은 하지 않으세요?" 데테가 말했다.

"그런 좋은 소식은 다른 사람에게나 가지고 가면 되겠군." 알름 아저씨가 말했다.

"아이가 이제 여덟 살인데 아무것도 모르고, 아저씨는 그 아이에게 배우게도 하지 않으실 거잖아요." 데테가 말했다. "아이를 교회나 학교에도 보내지 않으실 거예요. 저는 하이디에게 일어나는 일에 책임이 있어요. 어떻게 이런 기회를 하이디에게 안 주실 수 있죠? 되르플리에 있는 모든 사람들이 제 생각에 동의해요. 만약 우리가 법정에 가면, 아저씨는 그 아이를 잃으실 거예요."

"조용히 해!" 알름 아저씨가 소리쳤다. "가라! 네 깃털 달린 모자를 쓰고 내 눈앞에 절대로 다시는 나타나지 마."

그 말과 함께 할아버지는 오두막집 밖으로 성큼성큼 걸어갔다.

"이모가 할아버지를 화나게 했어요." 하이디가 화를 내며 말했다.

"곧 다시 괜찮아지실 거야." 데테가 말했다. p.68 "이제 가자."

"저는 안 갈 거예요." 하이디가 말했다.

"염소처럼 그렇게 어리석게 굴지 마." 데테가 말했다. "네 할아버지는 화가 나서 너를 보고 싶어 하지 않으셔. 우리가 프랑크푸르트에 가면, 다시 돌아올 때에는 할아버지가 다시 기뻐하실 거야."

데테는 아이의 손을 잡았고, 그렇게 그들은 함께 산을 내려왔다. 데테와 하이디는 페터의 할머니의 오두막집에 가까이 왔을 때, 페터를 만났다.

"어디 가는 거니, 하이디?" 페터가 물었다.

"나는 데테 이모와 프랑크푸르트에 잠깐 가는 거야." 하이디가 대답했다. "할머니한테 작별 인사를 해야 해."

"아니, 안 돼, 이야기하려고 멈추면 안 돼." 데테가 말했다. "돌아오면 들어가면 되잖니." 데테는 아이를 오두막집에서 멀리 끌어당겼다. 데테는 하이디가 할머니와 이야기하면 마음을 바꾸어 가고 싶지 않다고 할 것 같았다. 페터는 오두막집 안으로 달려가 식탁을 세게 쳤다.

p.69 "무슨 일이냐?" 두려움을 느낀 할머니가 소리쳤다.

"그 여자가 하이디를 데려가고 있어요." 페터가 설명했다.

"누가? 어디로?" 할머니는 묻기는 했지만 데테가 그날 일찍 하이디를 데리러 가고 있다고 들은 터였다. "데테, 그 아이를 우리에게서 데려가지 마!"

"할머니가 부르고 계셔요." 하이디가 몸부림치며 소리쳤다. "저는 할머니께 가야 해요."

만약 하이디가 프랑크푸르트에 있으면 얼마나 즐거울지 알 수 있다면 산으로 돌아가고 싶어 하지 않을 것이라고 데테는 생각했다. 데테는 하이디에게 프랑크푸르트에서 할머니를 위해 선물을 살 수 있다고 말했으므로 하이디는 안도하고 다시 가고 싶다고 결심했다. 그들은 되르플리로 다가가고 있었다. 마을 사람들은 많은 질문을 했으나 데테는 이야기를 하려고 멈추어 서지 않았다. p.70 페터의 할머니를 위한 선물을 살 것을 생각하면서 하이디는 열심히 마을을 가로질러 달려갔다.

하이디가 떠난 후 모두 알름 아저씨가 전보다 더 화나고 불행해 보인다고 말했다. 마을 사람들은 더욱 알름 아저씨를 두려워하게 되었다. 알름 아저씨는 더 이상 페터의 할머니를 방문하지 않았다. 할머니는 슬퍼졌고 하이디를 다시 볼 수 있을지 궁금해 했다.

새로운 것에 관한 새로운 사건

p.71 프랑크푸르트에 있는 클라라의 방에는 제제만 씨의 어린 딸 클라라가 카우치에 누워 있었는데, 그 아이는 그곳에서 온종일을 보냈다. 클라라는 서재라고 불리는 방에 있었고, 그곳에서 학교 수업을 받았다. 클라라의 작은 얼굴은 야위었고 창백했다. p.72 클라라는 기다리면서 시계를 바라보고 있었다.

역시 이 방에 앉아 있는 가옥 관리인은 몹시 심각해 보였다. 여러 해 전에 아내가 죽은 후, 제제만 씨는 가옥 관리인 로텐마이어 양에게 집안을 관리하는 책임을 맡겼다. 제제만 씨는 자주 집을 떠나 있었다.

데테와 하이디는 정문에 도착했다. 그들은 초인종을 눌렀고 집사인 세바스찬이 아래층으로 내려왔다. 하이디를 보았을 때 세바스찬은 깜짝 놀란 듯 보였지만, 그와 하녀 티네트는 그들을 위층 서재로 데려갔다.

데테는 문 근처에 공손히 서 있었다. 로텐마이어 양은 천천히 일어나 그 집안의 딸을 위해 새로 온 어린 말동무에게 다가왔다. 로텐마이어 양은 하이디의 외모가 아주 만족스럽지 않은 듯했다. 하이디는 수수한 옷을 입고 있었다.

"네 이름이 뭐니?" 로텐마이어 양이 물었다.

p.73 "하이디요." 하이디가 대답했다.

"네 본명이 뭐냐고?" 로텐마이어 양이 계속해서 말했다.

"기억이 안 나요." 하이디가 대답했다.

"데테, 이 아이는 어리석은 거야, 아니면 그냥 무례할 뿐인 거야?" 로텐마이어 양이 말했다.

"어리석은 것도 무례한 것도 아니에요." 데테가 말했다. "이 아이는 오늘 신사분의 집이라는 데는 처음 온 것이고 올바른 예의범절을 모른답니다. 하지만 빨리 배울 수 있어요. 이 아이의 본명은 아델라이데예요."

"아주 어리군." 로텐마이어 양이 말했다. "내가 클라라와 연령대가 비슷한 아이를 원한다고 말했을 텐데. 클라라는 이제 열두 살이 넘었어. 너는 어떤 책을 배웠니?"

"아무것도 안 배웠어요." 하이디가 말했다. "저는 읽는 법을 배운 적이 없고, 페터도 마찬가지예요."

p.74 "이보게." 로텐마이어 양이 말했다. "어떻게 이런 아이를 데려올 생각을 할 수 있었지?"

"이 아이는 제 생각에 여사님이 요구하신 바로 그 아이예요." 데테가 말했다. "이 아이는 다른 아이들과는 달라요. 저는 가 봐야 해요. 하지만 곧 다시 방문하러 오겠어요."

데테는 재빨리 방을 나가 아래층으로 달려 내려갔다. 로텐마이어 양은 하이디에 관하여 데테와 언쟁하려고 그녀를 따라 달려갔다.

"이리 와 봐!" 클라라가 하이디에게 말했다. "프랑크푸르트에 와서 기쁘니?"

"아니, 하지만 내일은 집에 갈 거야." 하이디가 설명했다.

"음, 너는 재미있는 아이구나!" 클라라가 소리쳤다. "너는 나와 함께 수업을 받아야 해. 너는 읽는 방법을 모르니까 재미있을 거야. 그것은 나에게는 몹시 지루하단다. 하지만 이제 훨씬 더 재미있을 거야. 네가 읽는 법을 배우는 동안 나는 누워서 들을 수 있을 테니까."

p.75 읽는 것을 배운다고 들었을 때 하이디는 반신반의하며 자기 고개를 저었다.

"하이디, 너는 읽는 법을 배워야 해." 클라라가 말했다. "선생님은 아주 친절하신데, 너에게 모든 것을 설명해 주실 거야."

로텐마이어 양이 이제 방으로 돌아왔다. 데테가 너무 빨리 달려서 로텐마이어 양은 데테를 잡을 수 없었다. 세바스찬은 식당 안으로 이어지는 문들을 활짝 열어 놓은 터였다. 하이디는 세바스찬을 빤히 쳐다보고 있었다.

"왜 그러니?" 세바스찬이 화를 내며 물었다.

"아저씨는 페터처럼 생기셨어요." 하이디가 대답했다.

가옥 관리인은 당혹스러웠다. 어떻게 이 아이는 하인들이 자기 친구라도 되는 양 그들에게 말을 걸 수 있다는 말인가? 그들은 모두 식당으로 들어가 식탁에 앉았다. 하이디의 접시 위에는 흰 롤빵이 있었다.

p.76 "제가 빵을 먹어도 되나요?" 하이디가 물었다. 세바스찬은 고개를 끄덕였다. 하이디는 즉시 롤빵을 쥐고 그것을 주머니에 넣었다. 세바스찬은 웃음을 감추어야 했다.

"아델라이데, 보아하니 너에게 예절을 가르쳐야겠구나." 로텐마이어 양이 말했다. 로텐마이어 양은 하이디에게 식탁에서 어떻게 행동해야 하는지 말해 주었다. "마지막으로, 식사 때는 혹은 다른 때에라도 무언가를 하게 시키거나 무언가가 필요하지 않다면 세바스찬에게 말을 걸어서는 안 된다. 그것은 티네트, 그리고 나에 대해서도 마찬가지야." 그런 다음 일반적인 행동 규범에 대한 긴 목록이 죽 이어졌다. 하이디의 눈은 서서히 감겼고 잠이 들었다.

"하이디는 아주 오랫동안 잠들어 있었어요." 클라라가 재미있다는 듯이 말했다.

'이 대처하기 힘든 아이를 어떻게 해야 하지?'라며 로텐마이어 양은 화가 치밀어 올라 생각했다.

로텐마이어 양, 불편한 하루를 보내다

p.77 첫날 아침에 눈을 떴을 때, 하이디는 창문을 가리고 있는 커다란 커튼 뒤의 새장 속에 있는 한 마리의 새 같은 느낌이었다. 그 순간 문 두드

리는 소리가 났다.

p.78 "아침 식사가 준비되었습니다." 티네트가 말했다.

하이디는 어떻게 해야 할지 몰랐으므로 자기 방에서 기다렸다. 마침내 가옥 관리인이 방으로 들어와서 아침 식사를 하러 오라고 시켰다. 클라라는 하이디에게 상냥한 인사를 건넸다. 클라라는 평소보다 더 즐거워 보였다. 하이디는 완벽하게 올바른 예의범절을 갖추어 자신의 빵과 버터를 먹었다. 식사가 끝났을 때, 로텐마이어 양은 하이디에게 따라오라고 하고 가정교사가 도착할 때까지 클라라와 함께 있으라고 말했다. 클라라는 이제 하이디에게 하이디의 집에 대해 질문을 하기 시작했다.

그러는 동안 클라라의 가정교사가 도착했다. 하지만 로텐마이어 양은 먼저 가정교사에게 자신의 하이디 때문에 겪는 곤란한 점에 대해 말했다. 로텐마이어 양은 가정교사에게 아이가 읽는 법조차 모른다고 불평했다. 로텐마이어 양은 가정교사가 클라라의 아버지에게 두 아이가 함께 배우는 것이 불가능하다고 말해 주기를 원했다. 그러면 로텐마이어 양은 하이디를 내보낼 수 있었다.

p.79 가정교사는 로텐마이어 양의 의견에 동의하지 않았으므로 그녀는 그에게 말하는 것을 중단했다. 로텐마이어 양이 하이디를 어떻게 할지 생각하는 동안 가정교사는 아이들을 가르치러 갔다. 갑자기 로텐마이어 양은 방에서 나오는 커다란 소음을 들었다. 로텐마이어 양은 방으로 서둘러 들어갔다. 바닥에 책과 잉크가 뒤죽박죽이 되어 있었다. 하이디는 사라지고 없었다.

"하이디가 이렇게 엉망으로 만들어 놓았을 거야!" 로텐마이어 양이 소리쳤다. 클라라는 즐거워 보였다.

"네, 하이디가 그랬어요." 클라라가 설명했다. "그것은 사고였어요. 하이디가 사륜마차들이 내는 소리를 듣고 마차를 보려고 창문으로 서둘러 갔거든요."

"이 아이는 아는 게 아무것도 없네요!" 로텐마이어 양이 소리쳤다. "하이디는 어디에 있나요?" 로텐마이어 양은 방을 뛰쳐나가 계단을 내려갔다. 놀라서 거리의 위쪽 아래쪽을 바라보고 있는 하이디가 있었다.

p.80 "뭐 하고 있는 거니?" 로텐마이어 양이 물었다.

"전나무들의 소리가 들려요." 하이디가 말했다. "하지만 그 나무들이 어디에 있는지 안 보여요."

"다시는 이러지 마라." 로텐마이어 양이 바닥을 가리키며 말했다. "수업 시간 중에는 앉아 있어야 해."

"네." 하이디가 대답했다. 이제 하이디는 자신이 배우는 동안에는 가만히 앉아 있는 것이 규칙이라는 것을 이해했다.

가정교사는 그날 수업을 끝내고 집으로 갔다. 클라라는 오후에는 쉬어야 했다. 클라라가 쉬는 동안, 하이디는 세바스찬을 찾았다. 하이디는 아주 공손하게 세바스찬에게 인사를 했다.

"원하시는 것이 무엇인가요, 아가씨?" 세바스찬이 말했다.

"그냥 무엇을 좀 여쭤어 보고 싶어서요." 하이디가 그날 아침 말썽을 부린 것에 대해 걱정하고 미안해하며 말했다.

p.81 "작은 아가씨께서 묻고 싶으신 것이 무엇인데요?" 세바스찬이 말했다.

"창문은 어떻게 열리나요?" 하이디가 말했다.

"이렇게요!" 세바스찬은 커다란 창문 중 하나를 활짝 열면서 말했다. "자, 이제 아가씨는 밖을 내다보고 아래에서 무슨 일이 일어나고 있는지 보실 수 있어요." 세바스찬이 말했다.

"돌로 만든 거리 말고는 밖에 아무것도 없어요." 하이디가 슬퍼하며 말했다. "어디에 가야 골짜기 전체를 볼 수 있나요?"

"저쪽에 있는 저기 높은 탑 꼭대기에 올라가셔야 할 거예요." 세바스찬이 말했다.

하이디는 재빨리 문으로 달려가서 계단을 내려갔고 거리로 나갔다. 하이디는 탑까지 어떻게 가야 하는지 몰랐다. 그때 갑자기 거리의 모퉁이들 중 한 곳에서 재미있게 생긴 동물을 팔 위에 얹어 놓고 서 있는 한 소년이 보였다.

p.82 "꼭대기에 황금 종이 있는 탑이 어디에 있니?" 하이디가 소년에게 물었다.

"나는 몰라." 소년이 대답했다.

"높은 탑이 있는 다른 건물은 아니?" 하이디가 말했다.

"그래, 하나 알아." 소년이 말했다.

"그러면 와서 나에게 알려 줘." 하이디가 말했다.

"그 일에 대해 나에게 무엇을 줄 수 있는지 먼저 보여 줘." 소년이 말하면서 손을 내밀었다.

"여기." 하이디가 카드를 내밀며 말했다. "이것을 가지고 싶어?"

소년이 손을 거두고 고개를 저었다.

"그러면 무엇이 좋은데?" 하이디가 물었다.

"돈이야." 소년이 말했다.

"나는 돈이 하나도 없지만, 클라라는 있어." 하이디가 말했다. "클라라가 분명히 너에게 돈을 좀 줄 거야."

그들은 길을 따라 함께 출발했다. p.83 곧 그들은 자신들이 높은 탑이 있는 어떤 오래된 교회 앞에 있는 것을 알았다. 하이디는 벽 안에 있는 종을 보았고 이제 온 힘을 다해 그것을 당겼다.

"내가 올라가면 너는 여기 있어야 해. 나는 돌아가는 길을 모르니까." 하이디가 말했다. "너는 나에게 길을 알려 줘야 해."

"너, 나에게 돈을 더 줘야 한다." 소년이 대답했다.

하이디는 동의했다. 한 노인이 나왔고 처음에는 놀라서, 그 다음에는 화가 나서 아이들을 바라보았다.

"너희는 왜 종을 울린 것이냐?" 노인이 말했다. "탑 위에 올라가고 싶을 때만 종을 울릴 수 있단 말이다."

"하지만 저는 탑 위에 올라가고 싶은걸요." 하이디가 말했다.

"음, 네가 정말로 그렇게나 많이 그러고 싶다면, 내가 데려다 주마." 노인이 말했다.

p.84 노인과 손을 잡고, 하이디는 꼭대기에 다다를 때까지 많은 계단을 올라갔다. 그곳에서 하이디는 자기 바로 밑으로 지붕들과 탑들, 굴뚝들의 바다를 보았다. 그것은 하이디가 보고 싶어 한 것이 아니었다. 그들이 계단을 내려왔을 때, 하이디는 커다란 바구니를 보았는데, 그 앞에는 커다란 회색 고양이가 한 마리 앉아 있었다. 고양이는 경고의 뜻으로 높은 소리를 내질렀다. 하이디는 고양이가 그렇게 큰 것을 보고 깜짝 놀랐다.

"내가 근처에 있는 동안에는 고양이가 너를 다치게 하지 않을 거야." 노인이 말했다. "고양이의 새끼들을 봐도 된단다."

일고여덟 마리의 새끼 고양이들이 바구니 안에 있었다.

"새끼 고양이들을 집에 데리고 가고 싶니?" 노인이 물었다.

"클라라가 새끼 고양이들을 아주 좋아할 거예요!" 하이디가 말했다.

"네가 어느 집에 사는지 나에게 말해 주면 내가 새끼 고양이들을 너의 집까지 데려다 주마." 노인이 말했다.

p.85 "제제만 씨 댁으로요." 하이디가 설명했다.

"그 집은 알고 있다." 노인이 말했다.

"한두 마리는 지금 데려가도 돼요?" 하이디가 물었다.

"음, 잠깐 기다려라." 노인이 어미 고양이를 다른 방에 집어넣으며 말했다. "이제 새끼 고양이들 중 두 마리를 데려가렴."

하이디는 흰 새끼 고양이와 흰색과 노란색의 줄무늬가 있는 또 다른 새끼 고양이를 집어 들고 한 마리는 오른쪽 주머니에, 다른 한 마리는 왼쪽 주머니에 넣었다. 그런 다음 아래층으로 내려왔다. 소년은 아직 밖에 있는 계단 위에 앉아 있었다. 소년은 집으로 가는 길을 알려 주었다.

"서두르세요, 작은 아가씨." 세바스찬이 문을 열어 주며 말했다. "식당으로 곧장 가세요. 그분들은 식사를 할 거예요."

하이디는 방 안으로 들어갔다. 로텐마이어 양은 올려다보지 않았다. p.86 클라라는 말을 하지 않았다.

"나중에 너와 이야기를 좀 해야겠구나, 아델라이데." 하이디가 앉은 후에 로텐마이어 양이 말했다. "너는 어처구니없게 행동했어. 너는 허락 없이 나갔다가 늦게 돌아왔어."

"야옹!" 대답이 돌아왔다.

"장난치니?" 로텐마이어 양이 말했다.

"제가 안 그랬어요."

"야옹! 야옹! 야옹!"

"그런데 하이디, 왜 계속 '야옹'거리는 거야?" 클라라가 말했다.

"내가 아니야." 하이디가 말했다. "새끼 고양이들이야."

"뭐라고?" 로텐마이어 양이 소리쳤다. "세바스찬! 티네트! 새끼 고양이들을 치워!"

로텐마이어 양은 새끼 고양이들로부터 숨으려고 서재로 달려가 문을 잠갔다. 세바스찬은 새끼 고양이들을 치우기 전에 잠시 식당 밖에서 기다리며 웃음을 그쳐야 했다. p.87 다시 안으로 돌아왔을 때, 세바스찬은 클라라가 넓적다리 위에 새끼 고양이들을 올려놓고 있는 것을 보았다.

"세바스찬, 로텐마이어 양이 새끼 고양이들을 보지 못할 곳에 그들을 위한 잠자리를 찾아 줘야 해." 클라라가 말했다. "새끼 고양이들을 어디에 둘 거야?"

"바구니에 잠자리를 만들고 로텐마이어 양이 가지 않을 어떤 장소에 두겠습니다." 세바스찬이 말했다. 세바스찬은 로텐마이어 양이 당혹스러워하는 것을 몰래 즐거워했다.

"그 끔찍한 작은 동물들을 치웠나, 세바스찬?" 얼마의 시간이 지난 후 로텐마이어 양이 물었다. 세바스찬은 새끼 고양이들을 치웠다고 로텐마이어 양에게 말했으나 고양이들은 여전히 집 안에서 자고 있었다.

대소동

p.88 세바스찬이 다음날 아침에 가정교사를 막 서재로 안내했을 때 초인종이 울리는 소리를 들었다. 세바스찬은 문을 잡아당겨 열었고, 그는 그곳에 가난한 어린 소년이 손풍금을 등에 짊어지고 있는 것을 보았다.

"이것이 무슨 일이냐?" 세바스찬이 화를 내며 물었다.

p.89 "클라라를 만나고 싶어요." 소년이 대답했다.

"너, 요 지저분하고 아무짝에도 쓸모없는 어린 악당 녀석." 세바스찬이 쌀쌀하게 말했다. "무엇을 원하냐?"

"클라라가 저에게 돈을 빚졌어요." 소년이 설명했다.

"너 미쳤나 보구나." 세바스찬이 말했다. "클라라 아가씨는 걷지도, 이 집에서 나가지도 못하셔. 어떻게 아가씨가 너에게 빚을 질 수 있지?"

"하지만 까만 곱슬머리 여자아이가 저한테 클라라에게 돈을 달라고 부탁하겠다고 말했어요." 소년이 말했다.

"이제 알겠구나." 세바스찬이 말했다. "나와 함께 가서 내가 너에게 들어오라고 말할 때까지 문 밖에서 기다려라. 방 안으로 들어가면 네 손풍금을 연주하렴."

세바스찬은 서재 문을 두드렸고 "들어와요."라는 목소리가 들렸다.

"클라라 아가씨께 직접 꼭 할 말이 있다고 말하는 어떤 소년이 있습니다." 세바스찬이 방 안에서 소식을 전했다.

p.90 클라라는 기뻤다.

"즉시 그 아이를 안으로 들여보내요." 클라라가 대답했다.

소년은 방 안에서 연주를 시작했다. 로텐마이어 양은 방에서 나오는 소음 같은 것을 들었다고 생각했다. 로텐마이어 양은 그 소리를 따라 서재로 들어갔다. 가난해 보이는 한 소년이 손풍금을 연주하고 있었다. 아이들은 가정교사를 아랑곳하지 않고 음악을 듣고 있었다.

"썩 나가라!" 로텐마이어 양이 소리쳤다. 로텐마이어 양은 바닥에서 무엇인가가 자신의 발을 향해 기어오고 있는 것을 보았다. 거북이였다. 로텐마이어 양은 펄쩍 뛰고 소리를 질렀다. 풍금 연주자는 갑자기 멈췄다.

"둘 다 내쫓아, 소년과 동물 둘 다!" 로텐마이어 양이 내내 웃고 있는 세바스찬에게 명령했다. 세바스찬은 소년을 끌고 나가 밖으로 데려갔다. 세바스찬은 소년에게 자기 돈을 주었다.

p.91 로텐마이어 양이 문간에서 아이들의 수업을 지켜보는 동안 서재는 다시 조용해졌다. 하지만 곧 또 다른 문 두드리는 소리가 문에서 났다. 이번에는 누군가가 클라라 아가씨를 위해 바구니를 가지고 왔다.

"그것을 나에게 가져와요!" 클라라가 호기심과 흥분으로 가득 차 말했다.

"수업이 끝날 때까지 기다려라." 가정교사가 경고했다. 갑자기 다섯 마리의 새끼 고양이들이 바구니 밖으로 떨어져버렸다. 새끼 고양이들은 가정교사의 장화 위로 뛰어오르고, 그의 바지를 물어뜯고, 로텐마이어 양의 드레스로 기어오르고, 클라라의 카우치 위로 뛰어올랐다. 클라라와 하이디는 즐거웠다. 그 무시무시한 작은 동물들이 자신에게 뛰어오를까 봐 로텐마이어 양은 겁을 먹었다.

p.92 "티네트! 세바스찬!" 로텐마이어 양이 소리쳤다. 그들이 와서 새끼 고양이들을 한데 모아서 치워버렸다. 그날 저녁 늦게 로텐마이어 양은 하이디가 그날 일어난 두 가지 문제 모두의 원인이라는 것을 발견했다.

"아델라이데, 네가 다시는 이와 같은 일을 하지 못하도록 확실히 해 두어야겠어." 로텐마이어 양이 진지한 목소리로 말했다. "너를 쥐들과 검은 딱정벌레들과 함께 어두운 지하실에 처넣어야겠구나." 하이디는 화내지 않았다. 하이디는 쥐나 딱정벌레와 마주친 적이 없어서 이것이 재미있게 들린다고 생각했다.

"아니, 안 돼요, 로텐마이어 양." 클라라가 소리쳤다. "아빠가 오실 때까지 기다려야 해요. 아빠가 하이디를 어떻게 하실지 말씀해 주실 거예요."

로텐마이어 양은 윗사람의 권위를 거스르는 일을 아무것도 할 수가 없었다.

"아가씨 좋으실 대로 하세요." 로텐마이어 양이 말했다. "하지만 저는 제제만 주인님께 말씀드리겠어요."

그 말을 하고서 로텐마이어 양은 방을 나갔다.

아무런 문제없이 이제 이틀이 지나갔다. p.93 하지만 로텐마이어 양에게 있어서는 하이디가 집에 온 이후로 모든 것이 뒤죽박죽이 된 듯했다. 클라라는 훨씬 더 명랑해졌는데, 하이디가 수업 도중에 언제나 우스갯소리를 하고 장난을 쳤기 때문이었다. 하이디는 자기가 배워야 할 알파벳을 배우지 못하고 오로지 산 속 생활에 대해서만 이야기했다. 하이디는 언제나 집에 가고 싶다고 말했지만, 클라라는 하이디에게 아버지가 돌아오실 때까지 기다려야 한다고 말했다.

밖에 나가 놀거나 세바스찬이 일하는 동안 그에게 말을 거는 것이 금지되었기 때문에 저녁 식사 후에 하이디는 자기 방에 혼자 앉아 있었다. 그래서 하이디는 자신의 옛 집을 추억할 시간이 많았다. 데테가 방문할 것이라는 말을 들었을 때, 하이디는 자신의 모든 소지품을 꾸리고 그녀를 마중하러 갔다. 하이디는 데테에게 자신을 집에 데려다 달라고 부탁하려고 했다.

p.94 "어디에 갈 생각이니?" 하이디가 자신의 물건들을 모두 챙겨 계단을 내려가는 것을 보았을 때 로텐마이어 양이 말했다.

"집에 갈 거예요." 하이디가 겁을 내며 말했다.

"무슨 소리를 하는 거냐?" 로텐마이어 양이 말했다. "그리고 이 집에 무슨 문제가 있니? 너는 네가 받을 자격이 있는 것보다 더 많은 대접을 받고 있어. 이렇게 많은 음식, 혹은 하인들이 있는 이처럼 살기 좋은 집에 대해 들어본 적이 있니?"

"아니요." 하이디가 대답했다.

"너는 이곳에서 네가 바랄지도 모르는 모든 것을 가지고 있잖아." 로텐마이어 양이 말했다.

"저는 집에 가고 싶을 뿐이에요." 하이디가 말했다. "제가 이렇게 오래 집을 떠나 있으면, 눈송이는 다시 울기 시작할 것이고, 할머니는 저를 기다리고 계실 거예요."

p.95 "이 아이는 제정신이 아니야!" 로텐마이어 양이 말했다. "이 아이를 안으로 데려가게, 세바스찬." 로텐마이어 양은 몸을 돌려 자기 방으로 갔다.

"또 말썽을 부리셨어요?" 세바스찬이 명랑한 목소리로 물었다.

하이디는 이제 천천히 계단을 오르기 시작했다. 세바스찬은 하이디를 지켜보며 몹시 애처롭다는 생각이 들어서 하이디를 따라 올라가며 그녀의 기운을 북돋우어 주려고 계속해서 애썼다.

그날 저녁 식사 때 로텐마이어 양은 말을 하지 않았지만, 하이디를 지켜보면서 하이디가 말썽을 일으키기를 기다렸다. 하이디는 조용히 먹었다.

다음날 아침 가정교사가 도착했을 때, 로텐마이어 양은 그에게 은밀히 말했다. 로텐마이어 양은 하이디가 제정신이 아니라고 생각했다. 가정교사는 하이디가 약간 이상하기는 하지만, 교육을 받으면 정상이 될 거라고 생각했다.

p.96 그리고 나서 로텐마이어 양은 클라라에게 말했다. 로텐마이어 양은 클라라에게 그녀의 아버지가 돌아오셨을 때 하이디가 보다 정상적으로 보이도록 그녀에게 옷을 빌려주라고 부탁했다. 클라라는 동의했다. 그래서 로텐마이어 양은 하이디의 낡은 옷들을 버리러 위층으로 올라갔다.

"아델라이데, 왜 네 옷 속에 빵을 가득 쌓아 두고 있는 거니?" 로텐마이어 양이 물었다. "티네트, 위층으로 올라가서 저 빵을 모두 버려라."

"안 돼요! 안 돼요!" 하이디가 소리쳤다. "할머니를 위해 빵을 보관해야 해요." 하이디가 티네트를 막으려고 달려가고 있을 때 로텐마이어 양이 하이디를 붙잡았다. "너는 여기에서 서 있을 거야."

그러자 하이디는 울기 시작했다. 로텐마이어 양은 방을 서둘러 나갔다.

"하이디, 그렇게 슬퍼하지 마." 클라라가 말했다. "네가 집에 가게 되면 내가 많은 빵을 갖게 해 주겠다고 약속할게. 그만 울어."

p.97 하이디는 다소 위로를 받고 울음을 그쳤다.

제제만 씨, 생소한 일들에 대해 듣다

p.98 며칠 후 제제만 씨가 돌아왔다. 제제만 씨는 많은 예쁜 선물들을 가지고 돌아왔다. 아버지와 딸은 서로에게 따뜻하게 인사를 했다.

"그리고 이쪽은 우리의 작은 스위스 아가씨로군." 제제만 씨가 하이디에게 말했다. "클라라와 너는 좋은 친구 사이니?"

p.99 "클라라는 언제나 저에게 친절해요." 하이디가 대답했다.

"그런 이야기를 들으니 기분이 좋구나." 제제만 씨가 말했다. "하지만 나는 실례해야 되겠구나, 클라라. 나는 저녁을 먹고 싶단다."

제제만 씨는 식당으로 들어갔고, 그곳에는 로텐마이어 양이 앉아 있었다. 로텐마이어 양은 낙담한 듯 보였다.

"무슨 일이오?" 제제만 씨가 말했다. "클라라는 명랑해 보이던데."

"기억하시겠지만, 저희는 클라라 아가씨를 위해 말동무를 구해 주기로 했었습니다." 로텐마이어 양이 말했다. "저는 주인님이 걱정하시는 것을 알고 있었으므로 순수하고 천진난만한 아이를 찾으려고 노력했습니다. 하지만 저 어린 스위스 여자아이는 우리가 기대했던 아이가 아닌 것 같습니다."

"내가 보기에는 저 아이한테는 아무 문제도 없소." 제제만 씨가 조용히 말했다.

"제 생각에는 저 아이는 제정신이 아닐지도 모릅니다." 로텐마이어 양이 말했다.

p.100 제제만 씨는 하이디에게 심각한 문제가 있는 것인지 의아해하기 시작했다. 그 순간 가정교사가 도착했기 때문에 문이 열렸다.

"지금 하이디에게 무슨 문제가 있는지 나한테 말해 주시오." 제제만 씨가 가정교사에게 말했다. "그 아이가 정말 제정신이 아닌 겁니까?"

"글쎄요, 하이디는 자신의 과거 때문에 정상적인 사회를 이해하지 못하는 듯합니다." 가정교사가 대답했다.

"실례하겠습니다, 선생님." 제제만 씨는 가정교사가 더 이상 말하는 것을 중단시키고 방을 나갔다. 제제만 씨는 서재에 있는 자신의 딸 옆에 앉았다.

"얘야, 나에게 물을 한 잔 가져다주렴." 제제만 씨가 하이디에게 말했다. 하이디는 즉시 사라졌다.

"그럼 이제, 우리 예쁜 딸 클라라, 말해 보렴. 왜 로텐마이어 양은 하이디가 제정신이 아니라고 생각하지?" 제제만 씨가 물었다.

p.101 클라라는 자기 아버지에게 거북이와 새끼 고양이들에 관해 모든 것을 말해 주고 로텐마이어 양이 겁을 먹은 그날 하이디가 무슨 말을 했는지 그에게 설명했다.

"그러니까 너는 내가 저 아이를 집으로 다시 보내지 않기를 바라니?" 제제만 씨가 웃으며 물었다.

"제발 저 아이를 보내지 마세요." 클라라가 말했다. "하이디가 온 이후로 시간이 훨씬 더 빨리 지나갔어요."

"그러면 됐다. 네 꼬마 친구가 오는구나." 하이디가 물 한 잔을 자신에게 건넬 때 제제만 씨가 말했다.

그날 저녁 제제만 씨와 로텐마이어 양은 단 둘이 있었고, 그는 그녀에게 하이디를 계속 있게 할 작정이라고 알려 주었다.

"그 아이에게 친절하게 대해 줘야 합니다." 제제만 씨가 말했다. "그리고 그 아이가 이상하다고 아이한테 화내지 마십시오. 아이들을 돌보는 데 도움이 필요하다면 제 어머니께서 곧 오실 것입니다."

p.102 제제만 씨는 채 2주가 지나가기도 전에 파리로 떠났다. 클라라는 아버지를 다시 잃은 것은 슬펐지만 할머니가 오는 것이 무척 기뻤다. 하이디 역시 그녀를 할머니라고 부르기 시작했다. 할머니가 도착하기 전에, 로텐마이어 양은 하이디에게 그녀를 오로지 마님이라고만 불러야 한다고 경고했다.

또 한 명의 할머니

p.103 다음날 저녁 집에서는 기대감이 커지고 준비도 많이 이루어졌다. 모두 클라라의 할머니를 존경한다는 것을 아는 것은 쉬웠다. 로텐마이어 양은 아주 주의 깊고 거만하게 모든 일을 지켜보았다. p.104 그리고 이제 사륜마차가 문 앞으로 들어오고 있었다. 하이디는 아주 신경이 예민해졌다. 로텐마이어 양이 하이디에게 고함을 친 후, 하이디는 실수를 저지르고 싶지 않았다. 클라라의 할머니가 도착했을 때, 할머니는 하이디를 만나보겠다고 했다.

"안녕하세요, 마님." 클라라의 할머니가 자신에게 다가왔을 때 하이디가 말했다.

"그래!" 클라라의 할머니가 웃으며 말했다. "나는 아이들과 함께 있으면 언제나 할머니란다. 그 이름을 잊지 말거라, 알겠니?"

"네, 네." 하이디가 말했다. 그런 다음 할머니는 더욱 자세히 하이디를 바라보았고, 하이디는 진지한 눈으로 할머니를 똑바로 쳐다보았다. 이 할머니에게는 하이디를 기쁘게 하는 상냥한 점이 있었다.

다음날 클라라가 평소와 같이 카우치에서 쉬고 있을 때, 할머니는 로텐마이어 양의 방으로 갔다.

p.105 "그 아이는 지금 어디서 무엇을 하고 있지?" 제제만 여사가 물었다.

"그 아이는 자기 방에 앉아 있습니다. 그곳에서는 말썽을 일으키지 못하죠." 로텐마이어 양이 말했다.

"가서 그 아이를 내 방으로 데리고 오게." 제제만 여사가 말했다. "내가 하이디에게 주고 싶은 예쁜 책을 몇 권 가지고 왔거든."

"하이디는 책을 좋아하지 않을 거예요." 로텐마이어 양이 말했다. "그 아이에게 읽는 법을 가르치는 것은 불가능하답니다."

"그거 아주 이상하군." 제제만 여사가 말했다. "하지만 지금 나에게 데려오도록. 적어도 책에 있는 그림들을 보고 즐거워할 수는 있을 테니까."

하이디는 이제 나타나서 할머니가 자신에게 보라고 건넨 책들 속의 아름답게 채색된 그림을 경이롭게 바라보았다. p.106 갑자기 하이디는 염소들과 염소치기가 있는 아름다운 푸른 들판 그림을 보았다. 하이디는 울기 시작했다.

"울지 말거라, 애야." 제제만 여사가 말했다. "수업은 마음에 드니? 많이 배우고 있어?"

"아니요!" 하이디가 한숨을 쉬며 대답했다. "저는 읽지 못해요. 읽는 법을 배우는 것은 불가능하다고 페터가 저에게 말했는걸요."

"하이디, 페터의 말을 항상 귀담아 들어서는 안 돼." 제제만 여사가 말했다. "다른 많은 아이들이 하는 것처럼 너도 아주 잠깐이면 읽는 법을 배울 수 있어. 네가 읽을 줄 알게 되자마자 내가 이 책을 너에게 주마."

"오, 제가 지금 읽을 수 있다면 좋겠어요!" 하이디가 큰 소리로 말했다.

"이제는 배우는 데 시간이 오래 걸리지 않을 거야." 제제만 여사가 말했다. 손에 손을 잡고 두 사람은 서재로 돌아왔다.

하이디는 마침내 자신이 집에 가게 되지 않을 것임을 깨달았다. p.107 하이디는 사람들이 자신에게 화를 낼 것이라고 생각했기 때문에 자신이 얼마나 집에 가고 싶은지를 누구에게든 말하는 것을 두려워했다.

프랑크푸르트에서의 시간이 흐를수록 하이디는 점점 더 덜 먹기 시작했다. 밤에 혼자 있을 때면 하이디는 울었다.

"자, 나에게 말해 보렴, 하이디. 무슨 일이니?" 제제만 여사가 하이디에게 물었다. "무슨 문제가 있니?"

"할머니든 다른 누구에게든 말할 수가 없어요." 하이디가 말했다.

"그것이 네가 그렇게 불행한 이유였구나." 제제만 여사가 말했다. "너는 너를 도와줄 수 있는 사람을 아무도 모르는 거야. 너는 때때로 기도해야 한단다. 그러면 위안을 받을 거야."

하이디는 즉시 이 생각이 마음에 들었다. 하이디는 주님께 자신을 슬프고 불행하게 만들고 있는 모든 것에 관해 말했다. p.108 하이디는 주님께 자신을 할아버지가 계신 집으로 가게 해 달라고 부탁했다. 가정교사가 제제만 여사와 이야기하고 싶다고 요청한 것은 이로부터 약 일주일 후였다.

"하이디가 정말로 마침내 읽는 법을 배웠다고?" 클라라의 할머니가 물었다.

"굉장합니다!" 가정교사가 소리쳤다. "저는 그것이 불가능한 것 같아서 그 아이를 가르치려고 애쓰는 것을 중단하기로 결정했었답니다. 하지만 갑자기 하룻밤 사이에 하이디는 정확하게 읽는 법을 배웠어요."

가정교사와 헤어진 후, 제제만 여사는 좋은 소식을 확인하려고 서재로 내려갔다. 그곳에는 하이디가 클라라 옆에 앉아서 클라라에게 큰 소리로 책을 읽어 주고 있었다. 그날 저녁 하이디는 아름다운 그림이 그려져 있는 커다란 책이 자신의 접시 위에 놓여 있는 것을 발견했다.

"저것을 집에 가져가도 돼요?" 하이디가 말했다.

"그래, 물론이다." 제제만 여사가 말했다.

"하지만 아직은 집에 가지 않을 거야, 하이디. 몇 년 동안은 안 갈 거야." 클라라가 말했다.

p.109 하이디는 자기 방으로 가서 책에 있는 모든 이야기를 읽으며 기뻐했지만, 클라라의 말은 그녀를 아주 슬프게 만들었다.

하이디, 하나는 얻고 하나는 잃다

p.110 방문 기간 중 매일 오후에, 클라라가 오후 휴식을 취하는 동안 제제만 여사는 하이디와 함께 놀았다. 그들은 옷을 만들고 이야기를 읽었다. 하지만 여전히 하이디가 정말로 즐거워 보이는 법은 없었다. 때는 제제만 여사의 방문 기간 중 마지막 주였다.

"자, 애야, 왜 네가 즐겁지 않은지 말해 주렴." 제제만 여사가 말했다.

p.111 "주님은 들어 주지 않으세요." 하이디가 화를 내며 말했다. "그분이 바쁘시다는 것은 이해하지만, 저는 몇 주 동안 매일 같은 것을 빌었어요. 그래도 여전히 주님은 제가 부탁하는 것을 들어 주지 않으셨어요."

"네가 틀렸단다, 하이디." 제제만 여사가 말했다. "너는 그분을 그렇게 생각하면 안 돼. 주님은 우리 모두에게 좋은 아버지시란다. 주님은 우리 모두에게 무엇이 가장 좋은 것인지 알고 계신단다. 그분은 네가 네 자신의 행복을 배우도록 도와주실 거야. 그분은 너를 위해 모든 일을 올바르고 행복하게 만들어 주실 거야."

하이디는 제제만 여사의 말을 이해했고 계속 기도를 드리기로 결정했다. 제제만 여사가 떠나는 슬픈 날이 왔다. 하지만 제제만 여사는 그 날을 즐거운 날로 만들어 주기로 마음먹었다. 제제만 여사는 온종일 사람들을 아주 많이 즐겁게 해 주어서 그들은 자신들의 슬픔에 관해서 생각할 겨를이 없었다.

p.112 다음날 하이디는 클라라에게 열심히 책을 읽어 주기 시작했다. 그러나 하이디는 돌아가신 할머니에 관한 이야기를 읽기 시작했고 산 속에 있는 할머니가 보고 싶었기 때문에 울기 시작했다. 하이디는 자신이 프랑크푸르트에 있는 동안 할머니와 할아버지가 돌아가셨을지도 모를까 봐 두려워하게 되었다.

"아델라이데, 이제 그만 울어라." 로텐마이어 양이 하이디에게 말했다. "계속 이렇게 하면, 네 책을 빼앗아 버릴 거야."

하이디는 즉시 우는 것을 멈췄다. 하이디의 책은 그녀의 가장 큰 보물이었다! 슬픔 때문에 하이디는 먹는 것을 중단했다. 하이디가 아주 창백하고 야위어 보여서 세바스찬은 하이디를 볼 때 마음이 아주 안 좋았다. 세바스찬은 하이디에게 식사를 하라고 설득하려고 애썼으나 하이디는 먹으려고 하지 않았다.

그리고 여러 주가 지나갔다. 하이디는 겨울인지 여름인지 몰랐다. p.113 밖으로 나왔을 때, 하이디가 본 전부는 많은 사람들과 집들이었다. 혼자가 되었을 때 하이디는 산 위에 있는 자신의 집을 생각했다.

집 안의 유령

p.114 며칠 동안 집안의 하인들은 혼자서 다니고 싶어 하지 않았다. 아주 이상하고 불가사의한 무엇인가가 제제만 씨 집에서 일어나고 있었다. 매일 아침 아래층으로 내려오면, 하인들은 현관문이 활짝 열려 있는 것을 발견했다. 하지만 문을 열어 둘 가능성이 있는 사람은 그곳에 없었다.

p.115 마침내 로텐마이어 양은 존과 세바스찬이 밤을 꼬박 새워 누가 문을 여는지 알아보도록 설득했다. 그날 밤 자정에 세바스찬은 일어나서 자신의 동료를 깨웠지만 그는 깨우기가 쉽지 않았다. 세바스찬은 좀 더 주의 깊게 귀를 기울이기 시작했다. 모든 것이 쥐죽은 듯 조용했다. 마침내

존 역시 깨어났다.

"자, 세바스찬, 우리는 밖으로 나가 무슨 일이 벌어지고 있는지 알아봐야 하네." 존이 용감하게 행동하며 말했다.

그들은 문을 열었고, 한 줄기 거센 바람이 들어와 촛불을 꺼뜨렸다. 세바스찬이 촛불을 다시 켰을 때, 그는 공포로 하얗게 질린 존을 보았다.

"무슨 일이야?" 세바스찬이 물었다.

"계단 맨 위에 하얀 형체가 서 있다가 사라졌네."

p.116 두 사람은 서로 딱 붙어 앉았고 너무 무서워서 아침이 밝아 오고 거리가 다시 활기를 띠기 시작할 때까지 움직이지 못했다. 그들은 로텐마이어 양에게 무슨 일이 있었는지 말했다. 로텐마이어 양은 제제만 씨에게 집에서 일어나는 무서운 일에 관해 편지를 썼다. 로텐마이어 양은 가능한 한 빨리 집에 돌아와 달라고 요청했다.

제제만 씨는 자신은 사업 때문에 집에 돌아갈 수 없다고 답장을 했다. 제제만 씨는 로텐마이어 양에게 자기 어머니에게 편지를 쓰라고 말했다. 로텐마이어 양은 다음에 제제만 여사에게 편지를 썼다. 제제만 여사는 자신은 유령을 믿지 않는다는 말로 로텐마이어 양에게 답장을 썼다. 클라라의 할머니는 로텐마이어 양이 엉뚱해지고 있다고 생각했다.

그러나 로텐마이어 양은 두려움을 느끼면서 더 이상 하루하루를 보내지 않기로 마음먹었다. 로텐마이어 양은 만약 아이들이 두려워하게 되면 아이들을 위로해야 하는 것을 원하지 않았기 때문에 아직 아이들에게 유령에 관해 말하지 않았다.

p.117 하지만 이제 저음의 알 수 없는 목소리로 로텐마이어 양은 두 아이들에게 모든 것을 말해 주었다. 클라라는 즉시 자신과 하이디는 혼자 있을 수는 없다고 소리쳤다. 클라라는 로텐마이어 양이 자기 방에서 자기를 원했으며, 아버지가 집에 오기를 원했다. 로텐마이어 양은 클라라의 침대를 자기 방으로 옮겼다. 하이디는 유령을 두려워하지 않고 혼자 자겠다고 결정했다.

로텐마이어 양은 이제 제제만 씨에게 편지를 한 통 더 쓰려고 앉았다. 만약 클라라가 두려워한다면, 그녀의 부실한 건강이 더욱 악화될 것이었다. 이틀 후 제제만 씨는 자신의 집 현관에 서서 초조하게 벨을 울렸다. 안으로 들어온 후 제제만 씨는 재빨리 자신의 딸을 찾았다. 클라라가 건강이 안 좋아 보이지는 않았다. 사실 클라라는 자기 아버지를 보게 되어 기뻐하는 것 같았다.

p.118 "자네, 이리 오게." 세바스찬이 나타났을 때 제제만 씨가 말했다. "솔직히 말해 주게. 자네가 로텐마이어 양을 겁주려고 유령이 있다고 장난치고 있는 것인가?"

"아닙니다." 세바스찬이 대답했다. "저도 역시 마음이 몹시 편하지 않습니다."

"음, 만약 그렇다면 내 친구인 의사 선생님을 자네가 모셔 와 주었으면 하네." 제제만 씨가 말했다. "나는 그분이 이곳에서 밤을 보내시기를 바라네. 이 유령이 하나도 걱정할 것이 아니라는 것을 자네에게 보여 주겠네. 알겠나?"

"네, 주인님." 세바스찬이 말했다.

9시에 아이들과 로텐마이어 양이 잠자리에 든 후 의사가 도착했다. 의사는 생기 넘치는 얼굴에 반짝이는 다정한 눈을 지닌 백발의 남자였다. 의사는 걸어 들어올 때 근심스러워 보였으나, 자신의 옛 친구를 보았을 때는 그 상황을 우스워했다.

그래서 제제만 씨는 그에게 어떻게 현관문이 누군가에 의해 밤마다 열렸는지에 대해 말해 주었다. p.119 밤손님이 위험한 도둑일 경우에 사용하려고 제제만 씨는 두 자루의 연발 권총을 준비해 놓았다. 두 사람은 포도주 한 병과 두 개의 촛불을 준비하고 기다렸다.

그들은 예전 이야기를 했으므로 12시는 금방 왔다. 1시를 쳤다. 집 안에도 바깥 거리에도 소리 하나 나지 않았다. 갑자기 의사는 자신의 손가락을 들어올렸다.

"쉿!" 의사가 속삭였다. "제제만, 무슨 소리 안 들리나?"

그들은 둘 다 귀를 기울였고, 빗장이 부드럽게 옆으로 밀린 다음 자물쇠의 열쇠가 돌아가고 문이 열리는 소리를 들었다. 제제만 씨는 연발 권총을 집으려고 손을 내밀었다. 다른 손에 촛불 하나를 잡고, 제제만 씨는 의사를 뒤따랐다. 그들은 홀 안으로 발을 내디뎠다. p.120 달빛이 열린 창문을 통해 비치고 문간에 서 있는 하얀 형체에 떨어졌다.

"거기 누구냐?" 의사가 소리쳤다.

그것은 몸을 돌리고 낮은 울음소리를 냈다. 그곳에는 자신의 작은 흰 잠옷을 입고 휘둥그레진 눈으로 불빛과 연발 권총을 보고 벌벌 떠는 하이디가 서 있었다. 두 사람은 놀라서 서로를 쳐다보았다.

"얘야, 이게 어떻게 된 일이냐?" 의사가 말했다. "무엇을 원하니? 왜 여기에 내려왔니?"

"저도 몰라요." 하이디가 겁에 질려 대답했다.

"괜찮다." 의사가 연발 권총을 내려놓고 아이를 다정하게 위층으로 데려가며 말했다. "무서워할 필요 없단다." 의사는 아이를 침대에 들여보내고 아이가 무서워하는 것을 멈출 때까지 기다렸다.

"어디로 가려고 했니?" 마침내 의사가 물었다.

p.121 "어디를 가고 싶었던 것은 아니에요." 하이디가 말했다. "저는 제가 아래층으로 내려간 것도 몰랐어요."

"알겠다." 의사가 말했다. "무언가에 대해 꿈을 꾸었니?"

"네, 저는 매일 밤 꿈을 꿔요." 하이디가 말했다. "제 생각에 저는 집에 돌아가서 할아버지와 함께 있는 것 같고, 밖에서는 전나무에서 소리가 들려요. 별들이 아주 밝게 빛나고 있는 것이 보여요. 하지만 깨어나면 저는 여전히 프랑크푸르트에 있어요."

"알겠다." 의사가 말했다. "그런 다음에는 울고 싶어지니?"

"오, 아니요. 저는 울면 안 돼요." 하이디가 소리쳤다. "로텐마이어 양이 제가 우는 것을 금지시켰어요."

"이곳 프랑크푸르트에서는 행복하니?" 의사가 물었다.

'네'가 낮은 소리로 한 대답이었지만, 그것은 '아니요'라는 소리와 더 흡사하게 들렸다.

"그런데 너는 할아버지와 어디에서 살았니?" 의사가 물었다.

p.122 "산 위에서요." 하이디가 대답했다. 의사는 일어나서 하이디의 머리를 다정하게 베개 위에 뉘어 주었다.

"자, 자, 실컷 울다가 잠을 자렴." 의사는 말했다. "내일이면 괜찮을 거야."

그런 다음 의사는 방을 나가 아래층으로 제제만 씨에게 내려왔다.

"제제만, 먼저 저 아이는 몽유병자라고 말해 두어야겠네." 의사가 말했다. "둘째, 저 아이는 향수병을 앓고 있네. 저 아이는 너무 낙담해서 피골이 상접해졌고, 즉시 집으로 가야 한다네."

제제만 씨는 일어서서 걱정스러워하며 방 안을 왔다 갔다 했다.

"뭐라고요?" 제제만 씨가 소리쳤다. "어떻게 제 집에서 이런 일이 일어난 거지요? 그 아이를 건강하게 만들어 주세요. 아이가 아프다면 저는 그 아이를 그 아이가 살던 집으로, 아이의 할아버지에게 보낼 수 없어요."

"제제만, 자네가 무슨 일을 하고 있는지 생각해 보게!" 의사가 말했다. p.123 "저 아이는 약으로 치유될 수 없네. 저 아이는 집에 가야 해."

제제만 씨는 가만히 서 있었다. 의사의 말은 제제만 씨에게는 충격이었다. 하지만 제제만 씨는 의사의 충고를 듣는 것에 동의했다.

산 위에서의 여름날 저녁

p.124 화가 나고 흥분한 제제만 씨는 위층 로텐마이어 양의 방으로 빠르게 올라갔다.

"빨리 일어나서 아래층으로 내려와 나 좀 보시오." 제제만 씨가 로텐마이어 양에게 말했다. "우리는 즉시 여행을 해야 하오." 제제만 씨는 다른 하인들 역시 깨웠으나, 로텐마이어 양이 아래층으로 내려온 마지막이었다. p.125 제제만 씨는 그들에게 즉시 하이디의 모든 물건들을 꾸리고 클라라의 물건들 중 일부도 꾸리라고 말했다.

로텐마이어 양은 놀라서 제제만 씨를 쳐다보았다. 로텐마이어 양은 유령 이야기를 듣기를 기대하고 있었다. 로텐마이어 양은 자신의 경악과 실망에서 회복되는 데 시간이 조금 걸렸고 보다 자세한 설명을 기다리며 계속 서 있었다.

하지만 제제만 씨는 클라라에게 이야기를 해 주러 갔다. 제제만 씨는 앉아서 클라라에게 모든 것을 말해 주었다. 하이디의 건강과 안전을 위해서 그들은 그녀를 즉시 집으로 보내기로 결정했다. 클라라는 하이디를 잃는 것에 몹시 낙담했으나, 다음 여름에 스위스를 방문할 수 있을 거라고 아버지가 약속했을 때는 기분이 한결 나아졌다.

p.126 그 사이 데테가 도착해서 홀에서 기다리고 있었다. 데테는 하이디가 집에 갈 것이라는 것에 실망을 느꼈고 그들과 함께 갈 수 없다고 변명했다. 제제만 씨는 데테가 가고 싶어 하지 않는다는 것을 이해했으므로 그녀를 집에서 내보냈다. 그런 다음 세바스찬에게 사람을 보내어 그에게 갈 준비를 하라고 말했다. 세바스찬은 이틀 동안 하이디와 함께 그녀의 집으로 여행을 가게 되었다.

"마지막으로 하나 말하지." 제제만 씨가 자기 하인에게 말했다. "밤에는 호텔에서 창문들을 닫고 잠그게. 그러면 만약 하이디가 잠자다 말고 걸어 다닌다 하더라도 방을 나가지 못하겠지."

"오, 하이디 아가씨가 유령이었군요?" 세바스찬이 소리쳤다.

"그래, 하이디였네!" 제제만 씨가 말했다. "자네와 존은 겁쟁이이고, 집안 식구들 모두가 하나같이 바보야. 하이디는 어디에 있지?" 하이디는 어리둥절해 보였다.

"너는 오늘 집에 가게 될 거야." 제제만 씨가 하이디에게 말했다. p.127 하이디는 너무 흥분해서 아침밥을 삼킬 수가 없었다. 하이디는 자신이 또다시 꿈을 꾸고 있는 것을 알게 될 것이라고 생각했다! 하이디는 클라라의 방을 찾아갔다. 클라라는 하이디에게 자신이 그녀를 위해 꾸린 물건들을 보여 주었다.

"그리고 여기를 봐." 클라라가 의기양양하게 바구니를 집어 올렸을 때 덧붙여 말했다. 하이디는 기뻐서 펄쩍 뛰었는데, 바구니 안에는 모두 페터 할머니를 위한 열두 개의 흰 롤빵이 들어 있었기 때문이었다. 갈 시간이 되었을 때, 하이디는 자신의 책, 빨간 숄, 그리고 모자를 가지러 자기 방으로 달려갔다. 로텐마이어 양은 하이디에게 작별 인사를 하려고 계단 맨 위에서 기다리고 있었다. 하이디의 빨간 숄을 보았을 때 로텐마이어 양은 그것을 바구니에서 끄집어내어 바닥에 던졌다.

"안 되지, 안 돼, 아델라이데." 로텐마이어 양이 소리쳤다. "너는 저 물건을 가지고 집을 나가서는 안 돼. p.128 도대체 그것을 가지고 무엇을 하고 싶어서 그러는 거니?" 그런 다음 로텐마이어 양은 하이디에게 작별 인사를 했다.

"아니요, 이 아이는 무엇이든 자기가 원하는 것을 집에 가져가게 될 것이오." 제제만 씨가 말했다.

하이디는 기쁜 표정으로 재빨리 자신의 보따리를 집어 들었다. 하이디가 사륜마차 옆에 서 있을 때, 제제만 씨는 하이디에게 자신의 손을 내밀고 자신과 클라라를 기억해 주기를 바란다고 말했다. 제제만 씨는 하이디에게 즐거운 여행을 하기를 바란다고 했고, 하이디는 그가 베풀어 준 모든 친절에 대해 그에게 감사를 표했다.

"제 대신 의사 선생님께 작별 인사를 드려 주시고 정말정말 감사하다고 말씀드려 주세요." 하이디가 제제만 씨에게 말했다. 몇 시간 동안 하이디는 사륜마차 안에서 쥐 죽은 듯이 조용히 앉아 있었다. 이제야 하이디는 자신이 집으로, 할아버지, 산, 할머니, 그리고 페터에게 가고 있다는 것을 깨닫기 시작하고 있었다.

"세바스찬 아저씨, 산에 계시는 페터의 할머니가 돌아가시지 않았다고 확신하세요?" 갑자기 하이디가 물었다.

p.129 "그럼요, 그렇고말고요." 세바스찬이 말했다. "할머니는 분명히 아직 살아 계십니다."

잠시 후 하이디에게 잠이 쏟아졌다. 세바스찬은 호텔에 도착했을 때 하이디를 깨웠다. 다음날 아침 그들은 몇 시간 동안 기차를 타야 했다. 기차에서 어떤 목소리가 마침내 '마이엔펠트'를 외쳤다.

하이디와 세바스찬은 둘 다 벌떡 일어났다. 잠시 후 그들은 둘 다 하이디의 여행 가방을 가지고 승강장에 서 있었다. 세바스찬은 초조해했다. 그 여행은 피로와 위험으로 가득할지도 몰랐다. 그래서 세바스찬은 누가 자신들에게 길을 알려 줄 수 있을지 주의 깊게 살펴보았다.

역 바로 밖에서, 세바스찬은 초라해 보이는 작은 마차와 말을 보았는데 어깨가 넓은 남자가 기차로 실려 온 무거운 자루들을 그 마차에 싣고 있었다. p.130 세바스찬은 그에게 다가가서 되르플리로 가는 가장 안전한 길이 어느 쪽인지 물었다. 그런 다음 세바스찬은 그에게 자신과 하이디와 그녀의 물건들을 실어다 줄 수 있는지 물었다. 그 남자는 그들을 도와주는 것에 동의했다.

"저 혼자서 갈 수 있어요." 하이디가 말했다. "저는 되르플리부터는 길을 잘 알아요."

세바스찬은 자기가 산에 오르지 않아도 될 거라는 것에 기뻐했다. 세바스찬은 하이디에게 편지 한 장과 제제만 씨가 주는 선물을 주고 그것들을 잃어버리지 말라고 주의를 주었다. 세바스찬은 하이디를 마차에 태워 주고 그녀에게 작별 인사를 했다. 세바스찬은 자신이 하이디와 함께 여행을 끝까지 했어야 한다는 것을 알기 때문에 다소 기분이 좋지 않았다.

사륜마차는 산 쪽으로 굴러갔다. 마부는 되르플리의 방앗간 주인이었고 자신의 밀가루 자루들을 집으로 가져가는 중이었다. 그는 하이디를 본 적은 없었지만, 되르플리에 사는 모든 사람들과 마찬가지로 하이디에 대해 모두 알고 있었다.

p.131 "너는 네 할아버지인 알름 아저씨와 함께 살았던 아이지, 그렇지 않니?" 그가 하이디에게 물었다.

"네." 하이디가 대답했다.

"프랑크푸르트에서 너에게 잘 대해 주지 않았니?" 그가 물었다.

"아니요, 그런 것이 아니었어요." 하이디가 말했다. "프랑크푸르트에 있는 모든 것은 근사해요."

"그러면 왜 다시 집으로 가는 것이니?" 그가 물었다.

"왜냐하면 세상의 다른 그 어떤 곳보다 산에서 할아버지와 함께 있는 것이 더 좋으니까요." 하이디가 말했다.

"그곳에 다시 도착하면 다르게 생각하게 될 거다." 물방앗간 주인이 투덜거렸다. 하이디의 기쁨과 갈망은 매순간 커졌다. 하이디는 마차에서 뛰어내려 달려야 할 것 같은 기분이 들었다. p.132 하지만 하이디는 아주 조용히 앉아서 움직이지 않았다. 그들이 되르플리 안으로 들어섰을 때 시계가 5시를 치고 있었다. 한 무리의 여자들과 아이들이 즉시 마차 주위로 몰려들었다.

하이디가 마을을 떠난 후, 모두 그녀가 할아버지에게 다시 돌아가야 하는 것이 얼마나 슬픈지에 대해 이야기했다. 할아버지는 언제나 몹시 화가 나 있는 것처럼 보였다. 하지만 물방앗간 주인은 그들에게 하이디가 한 말을 들려주었다. 그들은 모두 하이디가 할아버지에게 돌아가고 싶어 했다는 것에 놀란 것 같았다.

드디어 하이디는 페터의 할머니의 집을 보았고, 그녀의 심장은 고동치기 시작했다. 하이디는 점점 빠르게 달려 마침내 그 집에 도착했다.

"저것은 예전에 하이디가 달려 들어오곤 했던 방식인데!" 집에서 목소리가 나왔다. "거기 누구니?"

"저예요, 할머니." 하이디가 할머니에게 달려가며 소리쳤다.

"그래, 그래, 저것은 하이디의 머리카락이고 하이디의 목소리야!" p.133 그리고 기쁨의 눈물이 할머니의 멀어 버린 눈에서 하이디의 손으로 떨어졌다. "정말로 너니, 하이디? 정말로 나에게 돌아온 것이니?"

"네, 할머니, 제가 정말로 왔어요." 하이디가 대답했다. "울지 마세요, 제가 정말로 돌아왔으니까요. 그리고 다시는 가지 않을 거예요! 제가 할머니께 선물도 가지고 왔어요!"

그리고 하이디는 바구니에서 롤빵을 꺼내어 그것들을 페터의 할머니의 넓적다리 위에 올려놓았다.

"네가 정말로 주님의 은총을 함께 가지고 왔구나!" 할머니가 소리쳤다. "하지만 네가 가장 커다란 축복이란다!"

그런 다음 하이디는 자신이 떠나 있는 동안 할머니가 돌아가셨을지도 모른다는 생각에 자신이 얼마나 슬펐는지 할머니에게 말했다.

이제 페터의 어머니가 들어왔다가 깜짝 놀라서 잠시 서 있었다.

"어머니, 하이디가 참 예쁜 옷을 입었어요!" 페터의 어머니가 소리쳤다. p.134 "그런데 탁자 위의 깃털 달린 모자도 네 것인 것 같구나? 써 보렴!"

"아니요, 그러지 않는 것이 나을 것 같아요." 하이디가 대답했다. "원하신다면 쓰셔도 돼요. 저는 아직 제 모자를 가지고 있어요." 그리고 하이디는 자신의 옛 모자를 꺼냈다. 하이디는 할아버지가 데테 이모에게 이모의 깃털 달린 모자를 다시는 보고 싶지 않다고 말했던 것을 기억하고 있었다. 하이디는 또한 자신의 새 옷을 벗고 빨간 숄로 갈아입었다.

"저는 집으로, 할아버지께 가야 해요." 하이디가 말했다. "하지만 내일 다시 올게요. 안녕히 주무세요, 할머니."

"그래, 또 오너라." 할머니가 말했다.

"조심해야 한다. 페터가 그러는데 최근에 알름 아저씨는 항상 화가 나 있으셔서 말도 안 하신다고 하더라." 브리기타가 경고했다.

하이디는 안녕히 주무시라고 인사하고 팔에 바구니를 안고 계속해서 산을 올라갔다. 하이디 주변에는 온통 가파른 초록색 경사면들이 저녁 햇살을 받으며 환하게 빛났다. p.135 갑자기 발갛게 물든 따뜻한 빛이 풀밭 위의 하이디의 발치에 떨어졌다. 하이디는 다시 뒤를 돌아보았다. 두 개의 높은 산봉우리들이 거대한 두 개의 불꽃처럼 하늘로 솟아올랐다. 산허리의 풀들과 계곡들 곳곳은 황금색 안개에 잠겨 있었다. 그리고 하이디가 자기 주변을 응시하며 서 있을 때 기쁨과 행복으로 눈물이 뺨을 따라 흘러내렸다.

그런 다음 하이디는 아주 빨리 계속해서 달렸고, 오두막집 앞에는 할아버지가 앉아 있었다. 하이디는 할아버지에게 달려갔고 바구니를 집어던지고 할아버지를 껴안았다.

그리고 할아버지는 아무 말도 하지 않았다. 수년 만에 처음으로 할아버지의 눈이 눈물로 젖었다.

"그러니까 네가 나에게 돌아온 거로구나, 하이디." 마침내 할아버지가 말했다. "그들이 너를 쫓아내든?"

"오, 아니에요, 할아버지." 하이디가 열심히 말했다. p.136 "그분들은 모두 친절했어요. 클라라, 클라라의 할머니, 그리고 제제만 씨도요. 하지만 할아버지, 저는 제가 죽을 거라고 생각했어요. 숨을 쉴 수 없는 것 같았거든요. 하지만 저는 아무 말도 하지 못했어요." 하이디가 뛰어내려가 두루마리와 편지를 가져와 그 둘 모두를 할아버지에게 건넸다.

"그것은 네 것이다." 할아버지가 두루마리를 자기 옆에 있는 벤치 위에 내려놓으며 말했다. 안에는 하이디에게 주는 돈이 들어 있었다. 그런 다음 할아버지는 편지를 펴서 찬찬히 읽고, 그것을 자기 주머니 안에 넣었다.

"네 돈을 가지고 오렴." 할아버지가 말했다. "너는 그 돈으로 침대와 침구와 몇 년간 입을 옷들을 살 수 있을 거야."

"저는 확실히 그 돈이 필요 없어요." 하이디가 대답했다. "저한테는 이미 잠자리가 있고, 클라라가 아주 많은 옷을 제 상자에 넣어 주었어요."

"그 돈을 가지고 가서 찬장에 넣어 두렴." 할아버지가 말했다. p.137 "언젠가는 그 돈을 원하게 될 거야. 틀림없다. 이제 와서 염소젖을 마시렴."

하이디는 주저앉아 열심히 염소젖을 마셨다. 밖에서 휘파람 소리가 들렸다. 하이디는 달려 나갔다. 그곳에는 페터와 함께 염소들이 있었다. 하이디를 보았을 때 페터는 놀라서 가만히 서 있었다. 하이디는 염소들에게 달려갔다. 그리고 염소들은 하이디의 목소리를 알아들었는데, 하이디에게 자기들의 머리를 비벼대기 시작했기 때문이었다. 하이디가 염소들의 이름을 불렀을 때, 염소들은 모두 그녀에게 달려갔다. 하이디는 염소들을 한 마리씩 쓰다듬고 안아 주었다.

"내려와, 페터." 하이디가 말했다. "나에게 인사를 해 줘야지."

"그러니까 다시 돌아온 거야?" 마침내 페터가 할 말을 찾아냈다. 페터가 하이디의 손을 잡았다. "내일은 나와 함께 다시 나갈래?"

p.138 "내일은 안 돼." 하이디가 말했다. "내일은 할머니께 내려가 봐야 하거든."

"네가 돌아와서 기뻐." 페터가 말했다. 그런 다음 페터는 자기 염소들과 함께 갈 준비를 했으나 염소들은 떠나고 싶어 하지 않았다. 하이디는 자신의 두 염소들과 함께 우리 안에 들어가서 문을 닫아야 했으므로 페터는 떠날 수 있었다. 하이디가 그날 밤에 잠을 자러 간 것은 정말로 즐거운 마음을 품고서였다. 하이디는 다시 산 위의 집으로 돌아왔기 때문에 자면서 걸어 다니지 않았다.

일요일의 종소리

p.139 하이디는 할아버지를 기다리며 흔들리는 전나무들 아래에 서 있

었다. 할아버지는 하이디와 함께 할머니 댁에 내려온 다음 옷상자를 가지러 되르플리로 계속해서 길을 갔다. 그날은 토요일이었고, 할아버지가 집 안팎의 모든 것을 깨끗이 해 둔 날이었다. p.140 할아버지는 오후에 하이디를 산 아래로 데려다 주려고 아침 내내 청소를 했다.

그들은 페터의 할머니의 오두막집에서 헤어졌고, 하이디는 안으로 달려 들어갔다. 할머니는 하이디의 발소리가 다가오는 소리를 듣고 하이디에게 인사를 했다. 그런 다음 할머니는 하이디의 손을 잡았고, 이제 하이디에게 자신이 흰 빵을 얼마나 맛있게 먹었는지 꼭 말해 주어야 했다.

"할머니, 저는 제가 무엇을 해야 할지 알고 있어요." 하이디가 열렬하게 말했다. "저는 클라라에게 편지를 쓸 것이고, 그러면 클라라가 저에게 다시 많은 롤빵을 보내줄 거예요."

"좋은 생각이구나." 브리기타가 말했다. "하지만 그러면 그 빵들은 딱딱하고 수분이 다 빠져 버릴 거야. 되르플리에 있는 제빵사도 흰 롤빵을 만들기는 하지만 그것들은 좀 비싸단다."

"오, 저는 돈이 많아요, 할머니." 하이디가 말했다. "할머니는 날마다 신선한 흰 롤빵을 하나씩, 그리고 일요일에는 두 개씩 드셔야 해요. 페터가 그 빵들을 되르플리에서 가지고 올라올 거예요."

p.141 "그럼 안 돼, 애야!" 할머니가 말했다. "네가 그렇게 하도록 할 수는 없다. 너는 네 돈을 네 할아버지께 드려야 해. 그러면 그분이 그 돈을 어떻게 써야 할지 알려 주실 거야."

"이제 할머니는 매일 롤빵을 드실 수 있고 다시 아주 건강해지실 거예요." 하이디가 말했다. "할머니가 건강해지시면, 어쩌면 모든 것이 할머니께 다시 환하게 보일지도 몰라요."

할머니는 아무 말도 안 했다.

"할머니, 이제 저는 읽을 수도 있어요." 하이디가 말했다. "제가 할머니의 오래된 책에서 찬송가들 중 하나를 읽어 드릴까요?"

"오, 그래." 할머니가 놀라고 기뻐하며 말했다. 하이디는 의자 위에 올라가 책을 들어 내리고 있었는데, 그 책과 함께 먼지구름도 내렸다.

"여기 태양에 관한 글이 있어요, 할머니." 하이디가 말했다. p.142 "제가 그것을 읽어 드릴게요."

하이디는 그 찬송가를 읽기 시작했다. 할머니는 두 손을 모으고 얼굴에는 기쁜 표정을 띠고 앉아 있었다. 그와 동시에 눈물이 할머니의 뺨으로 흘러내리고 있었다. 하이디는 행복해서 얼굴이 환해졌고, 할머니의 얼굴에서 눈을 뗄 수가 없었다.

이제 누군가가 창문을 두드렸고, 하이디가 올려다보니 할아버지가 보였다. 하이디는 할머니를 떠나기 전에 다음날 또 그녀에게 오겠다고 약속했다. 하이디는 할아버지에게 자신이 얼마나 흰 롤빵이 사고 싶은지에 관해 이야기했다.

"만약 할머니가 돈을 갖지 않으시면요, 할아버지, 그 돈을 저에게 주시겠어요?" 하이디가 말했다. "그러면 제가 페터에게 매일 롤빵을 하나씩 사도록 그리고 일요일에는 두 개씩 사도록 충분히 줄 수 있어요."

"하지만 네 침대는 어쩌고?" 할아버지가 말했다. p.143 "네가 적당한 침대를 갖게 되면 좋을 텐데." 하지만 하이디는 자기는 프랑크푸르트에서 좋은 베개를 베고 침대에서 자는 것보다 건초 침대에서 더 잠을 잘 잔다고 말했다.

"돈은 네 것이란다." 할아버지가 말했다. "그 돈으로 네가 하고 싶은 것을 함."

"오, 할아버지!" 하이디가 말했다. "이제 모든 것이 예전에 우리가 같이 지냈던 시절보다 더 행복해요! 오, 제가 주님께 기도하고 눈물을 흘리며 기원했던 모든 것을 그분이 즉시 주시지 않아서 얼마나 기쁜지 몰라요! 그리고 이제 저는 늘 주님께 기도하고 늘 주님께 감사드려요. 우리는 다시는 주님을 잊지 않을 거에요. 그렇지 않으면 그분이 우리를 잊으실지도 몰라요."

"만약 누군가가 정말로 그분을 잊는다면 어떻게 될까?" 할아버지가 낮은 목소리로 말했다.

"그러면 모든 것이 잘못되지요." 하이디가 말했다.

"그것은 사실이란다, 하이디." 할아버지가 말했다. p.144 "그것은 어디에서 배웠니?"

"프랑크푸르트에 계신 할머니께요." 하이디가 말했다. "할머니께서 제게 모든 것을 설명해 주셨어요."

"주님을 잊은 사람은 그분한테 영원히 잊혀진단다." 할아버지가 말했다.

"오, 아니에요, 할아버지." 하이디가 말했다. "우리는 돌아갈 수 있어요. 클라라의 할머니께서 저에게 그렇게 말씀해 주셨는걸. 제가 할아버지께 그것에 관해 읽어 드릴게요. 그러면 그 이야기가 얼마나 아름다운지 알게 되실 거예요."

그들이 오두막집에 도착하고 나서 하이디는 자기 옆구리에 책을 끼고 달려 나왔다. 하이디는 양치기와 그의 아들에 관한 이야기를 읽기 시작했다. 양치기의 아들은 세상을 여행하려고 떠났으나 몇 년 후에 돌아왔다. 그의 아버지는 여전히 아들을 사랑해 주었다.

"아름다운 이야기 아닌가요, 할아버지?" 하이디가 말했다.

"네 말이 맞구나, 하이디." 할아버지가 대답했다. "아름다운 이야기로구나." 하지만 할아버지가 너무 심각해 보여서 하이디는 조용해졌다.

몇 시간 후 하이디가 침대에서 곤히 잠들었을 때 할아버지는 사다리를 올라가 자신의 등불을 하이디의 잠자리 근처에 내려놓았다. p.145 할아버지는 말없이 하이디를 쳐다보며 오랫동안 서 있었다. 마침내 할아버지도 손을 모아 기도하기 시작했다.

"이리 와라, 하이디!" 할아버지가 다음날 아침에 말했다. "네 옷 중 가장 좋은 옷을 입어라. 함께 교회에 갈 거니까!"

그들은 산허리를 걸어서 내려왔다. 이제 사방에서 종이 울리고 있었고 하이디는 즐거워하며 그 소리를 들었다. 그들이 도착했을 때 모두가 이미 노래를 부르고 있는 중이었다.

"보여?" 그들이 도착하고 나서 사람들이 서로에게 속삭였다. "알름 아저씨가 예배에 참석하셨어!"

모두 알름 아저씨를 교회에서 보게 되어 기뻐했다. 예배가 끝나갈 무렵에 할아버지는 하이디의 손을 잡고 목사의 집으로 갔다.

p.146 마을 사람들은 알름 아저씨를 신기한 듯 쳐다보았다. 알름 아저씨가 하이디의 손을 어찌나 다정하게 잡고 있는가 하는 것 때문에 마을 사람들은 알름 아저씨가 변한 것이 아닌지 궁금해 했다. 그래서 모두 알름 아저씨에게 아주 친근한 감정을 느끼기 시작했다. 한편 알름 아저씨는 목사의 집으로 가서 서재 문을 두드렸다. 목사가 나왔을 때 알름 아저씨는 하이디가 산 위에서 추운 겨울을 보내도록 하고 싶지 않기 때문에 되르플리에서 집을 찾고 싶다고 목사에게 말했다.

"이웃이여, 저는 무척 기쁩니다." 목사가 말했다. "당신은 언제나 좋은 친구이자 이웃으로 환영받으실 것이며, 당신과 함께 많은 즐거운 겨울 저녁을 보내기를 고대합니다. 손녀를 위한 좋은 친구들도 또한 찾게 되실 거예요."

알름 아저씨가 집을 나왔을 때, 마을 사람들이 그의 주위로 몰려들었다. 그들은 알름 아저씨가 되르플리로 다시 이사 오는 것을 자신들이 얼마나 기뻐하는지 말했다. p.147 그들은 알름 아저씨를 그리워했다.

"할아버지, 행복해 보이세요." 하이디가 말했다.

"그렇게 생각하니?" 할아버지가 미소를 지으며 대답했다. "음, 그래, 하이디, 나는 오늘 더없이 행복하구나, 주님과 그리고 사람들과 화해하니 좋구나!"

페터의 집으로 갔을 때, 할아버지는 문을 열고 곧바로 안으로 걸어 들어갔다.

"안녕하세요, 할머니." 할아버지가 말했다. "가을바람이 불어오기 전에 고칠 것들이 있을 것 같네요."

"이런, 아저씨가 아닌 것 같군요!" 할머니가 말했다. "이제 저를 위해 해주신 모든 일에 대해 감사를 드릴 수 있겠군요." 할머니는 손을 모으고 주님께 할아버지를 축복해 달라고 청했다.

p.148 "하이디는 프랑크푸르트에서 아주 많이 배웠어요!" 브리기타가 말했다. "저는 페터도 잠시 그곳에 보내면 좋을 것이라는 생각을 가끔씩 해요. 어떻게 생각하세요, 아저씨?"

즐거운 표정이 할아버지의 눈에 떠올랐다. 할아버지는 그것이 페터에게 해가 되지는 않을 것이라고 생각했다. 갑자기 그들은 문에서 아주 커다란 문 두드리는 소리를 들었다. 페터가 숨 가빠하며 편지를 한 장 들고 밖에 있었다. 그 편지는 하이디 앞으로 주소와 이름이 적혀 있었고 되르플리에 있는 우체국에 배달되었던 터였다. 그들은 모두 그 편지에 무슨 내용이 있는지 들어 보려고 탁자 주위에 앉았다.

그 편지는 클라라에게서 온 것이었다. 클라라는 하이디가 떠난 이래로 집이 너무 따분했다고 적었다. 클라라는 드디어 자기 아버지가 다가오는 가을에 라가츠의 바스로 자신을 데려다 주도록 설득시켰다. 클라라와 클라라의 할머니는 하이디를 방문하고 하이디의 가족을 만나기를 고대하고 있었다.

p.149 모두 차후 있을 방문에 대해 흥분을 느끼게 되었다. 갈 시간이 되었을 때 여자들은 알름 아저씨에게 내일 또 오라고 했다. 할아버지와 하이디는 여자들에게 그렇게 하겠다고 약속했다. 이들 두 사람은 산 위로 다시 돌아갔다. 그들이 올라갔을 때, 평화로운 저녁 교회 종이 울렸다.

여행 준비

p.150 친절한 의사는 제제만 씨의 집을 향해 넓은 길들 중 한곳을 따라 걸어가고 있었다. 몇 달 전에 그의 외동딸이 세상을 떠났기 때문에 의사는 슬퍼 보였다. 세바스찬이 의사에게 문을 열어 주고 그에게 인사를 했다.

"전부 평소대로겠지, 세바스찬?" 세바스찬과 함께 계단을 올라갈 때 의사가 즐거운 목소리로 물었다.

p.151 "와 주셔서 기쁩니다. 선생님." 제제만 씨가 외쳤다. "우리는 이번 스위스 여행에 관해서 또 한 번 이야기를 정말로 나누어야 해요."

"이보게, 제제만," 의사가 말했다. "내가 무슨 생각을 하는 줄 뻔히 알면서도 자네는 어제 나한테 같은 질문을 세 번이나 했네."

"네, 저도 알아요." 제제만 씨가 말했다. "하지만 클라라는 자기가 곧 스위스 여행을 떠날 수 있다고 기대하고 있기 때문에 이번 마지막 발병을 아주 참을성 있게 견뎠어요. 클라라는 자기 친구 하이디를 다시 만나고 싶어 해요. 그런데 제가 그 가엾은 아이에게 이번 방문 역시 취소되어야 한다고 말해야 하나요?"

"아이의 건강을 고려해보면 이번이 클라라에게는 최악의 여름이 되고 있네." 의사가 말했다. "그러한 여행으로 인한 피로로 무언가 나쁜 일이 발생할 수도 있다네. p.152 간단히 말해서, 제제만, 그것은 불가능하네. 하지만 내가 자네와 같이 안으로 들어가서 클라라에게 이야기하겠네. 다음 5월에 자네는 날씨가 더워지기 전에 클라라를 바스에 데려가도 된다네. 그것이 클라라를 치료하는 데 도움이 될지도 몰라. 그러면 클라라를 이따금 산에 데리고 올라갈 수 있을 거야."

"선생님, 정직하게 말씀해 주세요." 제제만 씨가 말했다. "선생님은 클라라가 정말로 건강해질 것이라고 생각하세요?"

"아니." 의사가 조용히 대답했다. "하지만 자네에게는 자네가 집에 돌아왔을 때 자네를 찾아 인사를 건네는 귀여운 아이가 있네. 그리고 그 아이는 행복하고 마음 편하게 지내네. 적적한 나의 집을 생각해 보게!"

"선생님, 제게 생각이 있어요." 제제만 씨가 말했다. "선생님이 우리 대신 여행을 가서 하이디를 방문하시는 거예요."

제제만 씨는 자신의 생각에 아주 기뻐서 의사의 팔을 잡고 그를 클라라의 방 안으로 데려갔다. p.153 친절한 의사는 클라라에게는 언제나 환영받는 손님이었는데, 그에게 대개 자신에게 말해 줄 무언가 재미있는 이야깃거리가 있기 때문이었다. 의사는 클라라 옆에 앉아서 그녀가 9월에 하이디를 방문하는 것은 불가능할 것이라고 말해 주었다. 클라라는 이 소식에 몹시 슬퍼했다. 클라라는 눈물을 삼키려고 애썼다.

"의사 선생님, 선생님이 하이디를 보러 가실 거죠, 그렇지요?" 클라라가 물었다. "그러면 그에 대한 모든 것을 제게 이야기해 주러 오실 수 있겠네요."

"그렇다면 내가 반드시 가야겠군." 의사가 말했다. "그런데 내가 언제 출발해야 할지 정했니?"

"내일 아침에요." 클라라가 대답했다. 의사는 웃기 시작했다. 하지만 클라라는 자신이 하이디에 대한 끝이 나지 않는 전갈을 의사에게 전달할 때까지 그를 가게 두지 않으려고 했다.

"저 상자를 가지고 가서 우리가 커피와 함께 먹는 소프트 케이크로 채워서 다시 가지고 와 줘." 클라라가 티네트에게 말했다.

p.154 "작은 아가씨께 제 안부를 전해 주시겠습니까?" 세바스찬이 부탁했다.

"다시 만날 때까지 잘 있게, 세바스찬." 의사가 대답했다. "틀림없이 자네의 안부를 전하겠네."

의사가 문을 열었고, 갑작스러운 돌풍이 불어 로텐마이어 양을 그의 품에 안기게 했다. 로텐마이어 양은 당혹했으나 의사는 그녀를 진정시켰다. 클라라는 로텐마이어 양에게 하이디에게 줄 선물을 꾸리는 것을 도와 달라고 말했다. 로텐마이어 양은 두건이 달린 따뜻한 망토, 할아버지를 위한 담배, 그리고 페터의 할머니를 위한 따뜻한 숄을 꾸렸다.

손님

p.155 아침의 이른 햇살이 산을 붉게 물들였다. 하이디는 잠자리에서 뛰어나와 재빨리 옷을 입었다. 하이디의 할아버지는 이미 밖에 나와서 하늘을 바라보고 있었다.

p.156 그러자 하이디는 자신이 아주 좋아하는 소리를 즐기기 위해 전나무 쪽으로 가서 그 주변을 뛰어다녔다. 한편 할아버지는 염소들의 젖을 짜러 갔다. 자신의 두 친구들을 보자마자 하이디는 달려가서 그들을 껴안

왔다. 그리고 이제 페터의 휘파람 소리가 들렸고, 모든 염소들이 깡충깡충 뛰며 따라왔다. 하이디는 곧 모든 염소 떼 가운데에 있었다.

"오늘 나와 같이 갈래?" 페터가 물었다.

"오늘은 안 될 것 같아, 페터." 하이디가 대답했다. "나는 프랑크푸르트에서 올 친구들을 기다리고 있어."

"너는 지금까지 며칠 동안 같은 이야기를 해 왔어." 페터가 불평했다.

"그들이 올 때까지 나는 계속 같은 말을 해야 해." 하이디가 대답했다. 그래서 페터는 몸을 돌려 산을 올라갔다. 페터는 휘파람을 불었고 염소들은 그를 뒤쫓아 갔다.

하이디가 돌아와 할아버지와 같이 있게 된 이래로, 그녀는 깨끗해지는 것과 책임지는 것에 대해 더욱 많이 생각하기 시작했다. p.157 아침에 하이디는 언제나 집 안을 청소하며 시간을 보냈다. 할아버지는 하이디의 이러한 변화에 흡족해했다.

잠시 후 햇빛이 오두막집 주변의 모든 것과 모든 산과 멀리 골짜기를 따라 반짝반짝 빛을 드리웠기 때문에 하이디는 실내에는 못 있겠다고 느꼈다. 하이디는 다시 밖으로 뛰어나가고 싶다는 욕구를 느꼈다.

"그분들이 오고 계셔요!" 하이디가 밖으로 나간 후 갑자기 소리를 질렀다. "의사 선생님이 그분들 중 선두에 계셔요!" 하이디가 자신의 오랜 친구를 맞이하러 앞으로 달려 나갔다. "안녕하세요, 의사 선생님, 그리고 정말정말 감사드려요."

"얘야, 주님의 축복이 함께 하기를!" 의사가 미소를 지으며 말했다. "왜 나에게 고맙다고 생각하고 있는 거니?"

p.158 "저를 할아버지와 함께 있도록 집으로 다시 보내 주신 것에 대해서요." 하이디가 설명했다. 의사의 얼굴은 밝아졌다. 의사는 사방이 얼마나 아름다운지 깨달으며 산을 올라온 터였다. 의사는 하이디가 자신을 잊어버렸을 것이라고 생각했다. 하지만 그 대신 여기 하이디가 있었고, 그녀의 눈은 기쁨으로 흔들렸다.

"이제 나를 너의 할아버지께 데려다 주렴, 하이디." 의사가 말했다. "그리고 네가 사는 곳을 보여 주렴."

"클라라와 할머니는 어디에 계셔요?" 하이디가 물었다.

"클라라가 매우 아파 여행할 수가 없어서 할머니도 집에 계시단다." 의사가 말했다. "하지만 다음 봄에는 그들이 반드시 여기에 올 거야."

하이디는 아주 슬퍼서 말을 할 수가 없었다. 의사는 더 이상 아무 말도 안 했다. 의사는 아주 슬픈 표정으로 하이디를 내려다보았다. 하이디는 그렇게 슬퍼하는 의사를 보는 것이 싫었다.

p.159 "오, 봄을 기다리는 것은 그렇게 긴 시간이 아닐 거예요. 그 다음에는 그들이 반드시 오겠죠." 하이디가 위로하는 목소리로 말했다. "이제 우리 가서 할아버지를 찾아봐요."

두 사람은 오두막집 앞에 앉았다. 할아버지는 의사에게 산 위에서 아름다운 가을날들을 가능한 한 많이 보내라고 했다. 의사는 매일 아침 올라올 수 있었다. 할아버지는 의사가 보고 싶어 하는 산의 어느 곳이든 의사를 데려다 줄 것이었다. 의사는 이러한 생각에 기뻐했다.

그 사이 해는 하늘로 솟아오르고 있던 터였고, 지금은 정오였다. 알름 아저씨는 실내로 들어갔고, 잠시 후 식탁을 가지고 돌아왔다. 하이디는 벌들만큼이나 분주하게 이리저리 뛰어다녔고, 식탁을 차리기 위해 모든 것을 가지고 나왔다. 한편 할아버지는 이제 염소젖 단지와 노릇노릇하게 익힌 치즈를 가지고 나왔다.

p.160 "우리 클라라는 이곳에 꼭 와야 합니다." 의사가 말했다. "이 음식은 클라라를 더욱 건강하게 만들어 줄 기예요." 의사가 말할 때, 한 남자가 커다란 짐을 등에 지고 오솔길로 올라왔다.

"아, 프랑크푸르트에서 온 짐이 왔구나." 의사가 말했다. 하이디는 자신의 선물을 하나씩 열었고 모든 선물들이 죽 진열되었다. 하이디는 담뱃갑을 찾아내어 할아버지에게 달려가 드렸다. 할아버지는 그것에 아주 만족하며 즉시 자신의 파이프에 약간의 담배를 채웠고, 두 사람은 다시 함께 앉았다.

해가 산 뒤로 지기 시작했을 때 의사는 되르플리로 돌아갈 시간이라고 생각하고 일어섰다. 할아버지는 케이크, 숄, 커다란 소시지를 가지고 왔고, 의사는 하이디의 손을 잡았다. 그렇게 세 사람은 모두 산을 내려갔다. 그들은 페터의 집에 도착했고, 하이디는 다른 두 사람들에게 작별 인사를 했다.

p.161 하이디는 이제 페터의 할머니에게 안으로 달려 들어가 케이크와 숄을 그녀의 넓적다리 위에 올려놓았다.

"그것들은 모두 프랑크푸르트에서 클라라와 클라라의 할머니로부터 온 거예요." 하이디가 깜짝 놀란 페터의 할머니와 브리기타에게 설명했다.

"이것은 추운 겨울에 유용할 거예요!" 하이디가 설명했다. 한편 브리기타는 행복하게 소시지를 바라보며 서 있었다. 페터가 이 순간에 달려 들어왔다.

"알름 아저씨가 제 뒤를 바짝 따라오고 계세요. 아저씨가 오고 계셔······." 페터가 말을 멈췄는데, 소시지를 보았기 때문이었다. 하이디는 페터 할머니에게 안녕히 계시라고 인사했다. 하이디와 할아버지는 별빛을 받으며 산을 올라갔다.

보상

p.162 다음날 아침 의사는 되르플리에서 페터와 염소들과 함께 올라왔다. 페터는 내내 아주 조용했다.

"오늘은 갈래?" 페터가 물었다.

"만약 의사 선생님이 가신다면 물론 나는 갈 거야." 하이디가 대답했다. 할아버지는 이제 점심 도시락 가방을 가지고 나와 그것을 페터에게 주었다. p.163 그것은 평소보다 더 무거웠다. 페터는 미소를 지었는데, 오늘은 그 안에 고기가 있을 것이라고 확신했기 때문이었다. 그렇게 그들은 산을 올라갔다. 염소들은 평소처럼 하이디를 따라갔다. 하이디는 손을 잡고 의사와 대화를 나누었다. 페터는 의사에게 화가 났다.

하이디는 이제 자기 친구를 자신이 가장 좋아하는 장소로 데리고 갔고, 그는 따뜻한 풀밭에 하이디 옆에 앉았다. 머리 위로 커다란 새가 큰 원을 그리며 빙글빙글 날고 있었으나, 오늘은 그 새가 아무 소리도 내지 않았다. 하늘거리는 꽃들, 푸른 하늘, 밝은 햇빛, 그리고 즐거운 새는 아주 아름다웠다!

"만약 누군가가 슬픈 마음으로 이 위로 올라오면 다시 행복해질까?" 의사가 물었다.

"이 위에서는 아무도 슬프지 않아요. 프랑크푸르트에서만 슬프지요." 하이디가 말했다.

"중요한 무언가를 이해할 수 있겠니, 하이디?" 의사가 물었다. "자기 주변의 아름다움을 느끼고 즐기는 것을 막는 그림자가 자기 눈에 드리워 있어서 이곳에 앉아 있을 수 없는 남자가 있단다." p.164 고통이 아이의 행복한 어린 마음을 꿰뚫고 지나갔다. 눈에 드리워진 그림자라는 말이 하이디에게 눈이 안 보이는 할머니를 생각나게 만들었다. 이것은 하이디의 커다란 슬픔이었다.

"그러면 페터의 할머니의 찬송가들 중 하나를 읊어야 해요." 하이디가 말했다. "그것이 선생님의 기분을 더 나아지게 해 줄 거예요."

"그것은 어떤 찬송가니, 하이디?" 의사가 물었다.

"저는 태양과 아름다운 정원에 관한 찬송가 하나만 알아요." 하이디가 대답했다.

"음, 그 노래 가사를 말해 보렴." 의사가 말했다.

하이디가 그 노래 가사를 읊었다. 의사는 조용히 앉아 있었다. 의사의 생각은 그를 옛 시절로 데리고 갔다. 의사는 자기 어머니의 목소리를 듣고 그녀의 애정 어린 눈을 볼 수 있었다.

"하이디, 네가 읊어 준 그 찬송가는 아름답구나." 의사가 말했다. p.165 "우리가 다른 날 함께 이곳으로 나오게 되면 너는 그것을 다시 나한테 들려 줄 거지."

그들이 말하는 것을 보았을 때, 페터는 더욱 더 화가 났다. 최근에 하이디는 페터와 조금의 시간도 함께 보내지 않고 있었다.

"점심시간이야." 페터가 말했다.

하이디와 의사는 배가 고프지 않았다. 그들은 페터에게 자기들을 위해서는 염소젖만 짜 달라고 부탁했다.

"그러면 가방 안에 있는 것은 누가 먹어?" 페터가 말했다.

"네가 먹어도 돼." 하이디가 대답했다. 페터는 재빨리 그들을 위해 염소젖을 짰다. 점심을 먹기 전에, 페터는 의사에게 그렇게 화가 났던 것이 미안해졌다. 페터는 고기를 먹을 기회를 갖게 되어 몹시 기뻤다.

하이디와 의사는 산을 올라가고 오랫동안 이야기를 나누었다. 하이디는 가장 아름다운 꽃들이 어디에서 자라는지 보여 주었다.

p.166 마침내 의사가 집으로 갈 시간이 되었다. 하이디가 의사에게 작별의 뜻으로 손을 흔들 때 그는 자신의 딸이 기억났다.

의사는 매일 아침 오두막집으로 올라왔다. 때때로 할아버지가 의사와 함께 산에 올라가곤 했다. 그곳에서 할아버지는 자신이 아주 잘 아는 동식물들에 관한 상세한 사항들을 의사에게 가르쳐 주곤 했다. 때때로 의사는 하이디와 함께 이동하기도 했는데, 그런 다음에 두 사람은 함께 앉아 있곤 했다.

어느 날 아침 의사는 평소보다 덜 유쾌한 표정으로 나타났다. 프랑크푸르트로 돌아가야 하기 때문에 그날이 마지막 날이라고 의사는 말했다. 의사는 하이디에게 돌아가는 길을 조금 같이 가 줄 수 있겠느냐고 물었고 하이디는 그의 손을 잡고 그와 함께 산을 내려갔다.

"작별 인사를 해야겠구나!" 의사가 외쳤다. "너를 프랑크푸르트로 데려 가서 그곳에 데리고 있을 수 있다면 좋을 텐데!"

p.167 "저는 차라리 선생님이 우리에게 돌아오시면 좋겠어요." 하이디가 약간 망설인 후에 대답했다.

"그래, 네 말이 맞구나." 의사가 말하고 산을 걸어 내려가기 시작했다. "그것이 더 좋겠구나." 갑자기 하이디가 울면서 의사를 뒤쫓아 가기 시작했다. 의사는 몸을 돌렸다. 눈물이 하이디의 뺨에서 흘러내리고 있었다.

"선생님과 프랑크푸르트에 갈래요." 하이디가 소리쳤다. "선생님이 좋아하시는 한 선생님과 함께 있을게요. 저는 돌아가서 할아버지께 말씀드려야 해요."

"안 돼, 그러면 안 돼, 얘야." 의사가 상냥하게 말했다. "너는 전나무 아래에 있어야 해. 그렇지 않으면 너는 다시 아플 거야. 내가 언젠가 병들어 혼자가 되면, 그때 와서 내 곁에 머물러 주겠니?"

"네, 선생님이 저를 부르시는 바로 그날 갈게요." 하이디가 대답했다. "저는 선생님이 거의 할아버지만큼이나 아주 좋아요." 그렇게 의사는 다시 하이디에게 작별 인사를 하고 갈 길을 가기 시작했다.

p.168 '저 산 위에 있는 것이 좋아. 몸과 마음에 좋단다.' 의사는 생각했다. '그리고 사람은 다시 한번 행복해지는 방법을 배우게 될지도 몰라.'

되르플리에서의 겨울

p.169 페터네 집에 눈이 아주 높이 쌓여서 페터는 매일 아침 밖으로 나가기 위해 창문으로 올라가 나와야 했다. 페터는 매일 아침 새로 쌓인 눈을 삽으로 퍼내야 했다. 만약 눈이 얼음으로 변하면, 페터는 썰매를 가져와 타고서 마을로 내려갈 수 있었다. p.170 알름 아저씨는 자신의 약속을 지켰고 자신의 옛 집에서 겨울을 보내지 않고 있었다. 첫눈이 내리기 시작하자마자 할아버지는 하이디와 염소들과 함께 되르플리로 내려갔다.

할아버지는 예전에 어느 늙은 군인의 소유였던 오래된 집을 임대했다. 가을 동안 할아버지는 그것을 수리해 놓았으므로 그들은 겨울 동안에 그 집에서 살 수 있었다. 오래된 건물의 벽들은 담쟁이덩굴로 뒤덮여 있었다. 집 안에는 천장까지 닿는 거대한 난로가 있었다. 벽에는 나무들, 사냥꾼들, 그리고 낚시하는 사람들이 있는 오래된 성들의 그림들이 있었다. 하이디는 그 그림들을 보는 것을 즐겼다.

"네 방은 난로 근처에 있어야 해. 그렇지 않으면 네 몸이 꽁꽁 얼 테니까." 할아버지가 하이디에게 말했다. "와서 내 방을 봐도 된다." 할아버지가 하이디를 아직 수리를 해야 할 아주 커다란 방으로 데리고 갔다. 벽에는 딱정벌레와 도마뱀들이 집으로 삼을 수 있는 구멍들이 많이 나 있었다.

p.171 하이디는 자신의 새집에 몹시 기뻐했고, 페터에게 모든 것을 보여주기를 고대했다. 하이디는 난로 옆 구석에서 푹 잤다. 그러나 하이디는 여전히 산과 전나무에 부는 바람 소리를 그리워했다.

"오늘은 할머니를 뵈러 올라가야겠어요." 하이디가 겨울을 맞은 지 나흘째 되는 날 말했다. "할머니가 아주 오래 혼자 계시면 안 돼요." 하지만 할아버지는 이에 동의하지 않았다.

"눈이 너무 깊이 쌓여 있어." 할아버지가 말했다. "눈이 얼 때까지 조금 기다려라. 그러면 단단한 눈 위로 걸어갈 수 있을 거야."

하이디는 이제 매일 오전과 오후에 되르플리에 있는 학교에 갔고 열심히 모든 것을 배우려고 노력했다. 하이디는 그곳에서 페터를 거의 보지 못했다. 하지만 페터는 언제나 학교가 끝나는 저녁에는 눈을 뚫고 올 수 있는 것 같았다. p.172 페터는 거의 항상 하이디를 방문했다.

드디어 며칠 뒤 해가 다시 나타나고 하얀 땅을 환하게 비추었다. 그런 다음 밝고 커다란 달이 나와서 밤새 드넓은 하얀 눈밭을 비추었다. 다음날 아침에는 산 전체가 하나의 거대한 수정처럼 빛났다. 이는 바로 페터가 바라던 것이었는데, 이제 하이디가 자기 집에 올 수 있을 것임을 알기 때문이었다.

"학교에 가야겠어요." 페터가 식구들에게 말했다. 페터는 썰매를 타고 번개처럼 산을 내려가 마이엔펠트로 가는 길 쪽으로 달렸다. 마침내 멈추어 섰을 때, 페터는 이제 학교에 가기에는 너무 늦었다고 스스로에게 말했다. 그래서 페터는 마이엔펠트에서 온종일 놀았다. 페터는 하이디가 학교에서 막 돌아왔을 때 되르플리로 돌아왔고 하이디의 할아버지와 함께 저녁 식사 자리에 앉아 있었다.

p.173 "서리가 왔어." 페터가 말했다. "너, 이제 눈 위를 걸을 수 있어."

"그러면 내가 가서 할머니를 뵐 수 있겠다!" 하이디가 기뻐하며 말했다. "하지만 그렇다면 너는 왜 학교에 없었니?"

"썰매가 나를 너무 멀리 데려갔어." 페터가 대답했다. "그래서 나는 너무 늦었지."

"너는 도망치는 것을 부끄러워해야 한다." 알름 아저씨가 말했다. "네 염소가 도망쳐 버린다면 너는 어떡할 것 같으냐?"

"때려 줘야지요." 페터가 말했다.

"다음번에 수업이 있을 때 네 썰매가 학교를 지나치게 내버려두면, 너는 네가 마땅히 받아야 할 벌을 받게 될 거야." 할아버지가 말했다. "이리와 앉아서 먹어라. 그런 다음에 하이디가 너와 함께 갈 거야. 저녁에 하이디를 다시 데리고 오거라. 그리고 너는 여기에 너를 위한 저녁 식사가 기다리고 있는 것을 알게 되겠구나."

p.174 페터는 주저 없이 하이디 옆에 앉았다. 식사를 하고 나서 하이디는 벽장으로 달려가 클라라가 자신에게 보내준 따뜻한 망토를 가지고 왔다. 두 사람이 함께 걸어가는 동안 하이디는 자신의 염소 두 마리에 대해 페터에게 할 말이 많았다. 염소들은 하이디가 프랑크푸르트에 있었을 때처럼 자신들의 새집에서 아주 불행해했다. 페터의 집에서 그들은 할머니가 감기에 걸려 자리를 보전하고 있기 때문에 뜨개질을 하며 혼자 앉아 있는 브리기타를 발견했다.

"많이 편찮으세요, 할머니?" 하이디가 말했다.

"아니야, 아니다, 얘야." 할머니가 대답했다.

"그러면 다시 날씨가 따뜻해지면 몸이 괜찮아지시는 거예요?" 하이디가 말했다.

"그럼, 그렇고말고." 할머니의 말은 하이디를 안심시켰다. 하이디는 찬송가 책을 가지러 옆방으로 달려갔다. 그런 다음 자신이 가장 좋아하는 찬송가들을 하나씩 차례로 골랐다. 하이디는 그 찬송가들을 페터 할머니에게 큰 소리로 읽어 드렸고, 할머니는 얼굴에 미소를 띠고 귀를 기울였다.

p.175 "할머니, 벌써 다시 몸이 아주 좋아지고 계신 거예요?" 하이디가 물었다.

"그래, 얘야." 할머니가 대답했다. "네 말에 귀를 기울이는 동안 나아졌단다."

"날이 어두워지고 있어서 저는 집에 가야 해요." 잠시 후에 하이디가 말했다. "할머니가 다시 나아지셨다고 생각하니 기뻐요."

"내 기분이 다시 아주 좋아졌단다." 할머니가 말했다. "이곳에서 혼자 날마다 적막과 어둠 속에서 누워 있는 것이 어떤 것인지 아무도 모른단다. 하지만 네가 와서 나에게 그런 시구들을 읽어 주니까 위로가 되는구나."

하이디는 옆방으로 달려가 페터를 데려왔다. 밖으로 나갔을 때, 그들은 달이 흰 눈 위를 내리비추고 있는 것을 발견했고, 모든 것은 대낮처럼 환했다. 썰매 위에서 그들은 공중을 가르며 나는 두 마리의 새들처럼 산을 내려왔다.

p.176 그날 밤 하이디는 자신이 매일 할머니를 방문하여 찬송가를 읽어 드리지 못한다는 것을 깨달았다. 갑자기 하이디는 할머니를 도와드릴 수 있을지도 모르겠다는 생각이 났다. 잠이 들었을 때, 하이디는 할머니를 도울 계획을 세웠다.

겨울이 계속되다

p.177 페터는 다음날 제시간에 학교에 도착했다. 수업이 끝났을 때, 페터는 하이디를 만나러 알름 아저씨 집에 갔다. 알름 아저씨 집의 커다란 방에 들어갔을 때 하이디가 즉시 앞으로 달려 나와 페터를 잡았다.

"내가 무슨 생각을 좀 해 놨어, 페터." 하이디가 말했다.

p.178 "그게 뭔데?" 페터가 말했다.

"너는 읽는 법을 배워야 해." 하이디가 말했다.

"난 절대 못할 거야." 페터가 말했다.

"그것은 사실이 아니라고 프랑크푸르트에 계신 할머니가 오래 전에 말씀해 주셨어." 하이디가 말했다. "그리고 네 말을 믿지 말라고 하셨어."

페터는 놀란 것처럼 보였다.

"내가 곧 너에게 읽는 법을 가르쳐 줄 거야. 왜냐하면 내가 그 방법을 아니까." 하이디가 말했다. "너는 배워야 해. 그러면 매일 할머니께 찬송가 한두 곡을 읽어 드릴 수 있어."

"오, 나는 그런 것은 상관 안 해……." 페터가 말했다.

"내가 바라는 대로 네가 배우지 않는다면, 무슨 일이 일어날지 말해 줄게." 하이디가 말했다. "네 어머니는 너를 프랑크푸르트로 보내실 거야. 그곳에서 너는 검은 옷을 입고 심술궂고 못된 선생님과 함께 매일 학교에 다니게 될 거야."

페터는 서늘한 느낌이 들고 겁이 났다.

p.179 "네가 읽지 못하는 것을 발견하면, 다른 학생들이 너를 놀릴 거야." 하이디가 말했다.

"알았어. 그렇다면 배울게." 반쯤은 애처롭게 그리고 반쯤은 화를 내며 페터가 말했다.

"우리는 당장 시작할 거야." 하이디가 말했다. 다른 선물들 속에 클라라는 하이디에게 책을 한 권 보냈였는데, 하이디는 그 책으로 페터를 가르치면 완벽할 것이라고 결정했다. 페터는 이 시를 각각의 글자를 익힐 때까지 여러 번 반복해서 읽도록 지시받았다.

    A B C는 오늘 배워야 해요.
    그렇지 않으면 판사가 소환해서 벌금을 물릴 거예요.

    D E F G는 쉽게 배워야 해요.
    그렇지 않으면 무언가 즐겁지 않은 일이 뒤따라와요.

    p.180 H I J K를 지금 잊는다면
    그 자리에서 망신을 당한답니다.

    그런 다음에는 L M이 즉시 뒤따라와야 해요.
    그렇지 않으면 유감스러운 저능아라고 벌을 받을 거예요.

    다음에 무엇이 당신을 기다리는지 알면
    N O P Q는 빨리 배울 거예요.

    이제 R S T에 대해 빨리 배워요.
    아니면 조금의 의심의 여지도 없이 더 나쁜 것이 뒤따라올 테니까요.

    그리고 V 대신 U를 넣는다면,
    있고 싶지 않은 곳으로 가게 될 거예요.

    무엇보다도 나쁜 것은, 만약 W를 잊는다면

벽에 걸린 회초리를 보세요.

그 다음에는 X를 말해야 해요.
그렇지 않으면 오늘 음식은 분명히 없을 거예요.

p.181 그리고 Y에서 멈춘다면
사람들이 당신을 손가락질하고 '저런, 저런'이라고 소리칠 거예요.

Z로 서둘러 가세요, 당신이 너무 느리다면
프랑크푸르트로 가게 될 테니까요.

페터는 겁먹은 눈으로 하이디를 쳐다보았다.

"두려워하지 마, 페터." 하이디가 말했다. "만약 네가 매일 나에게 온다면 읽는 법을 배우게 될 거야."

페터는 약속했다. 페터의 두려움은 그를 아주 온순해지게 만들었다. 매일 저녁 페터는 글자를 배우는 일에 착수했다. 3주가 지나야 하이디는 페터 할머니에게 다시 갈 수 있었다. 그래서 하이디는 더 열심히 페터를 가르쳤다.

"이제 저 읽을 수 있어요." 페터가 어느 날 저녁 어머니에게 말했다.

p.182 "그것이 정말이니?" 페터 어머니가 소리쳤다. "저 소리 들으셨어요, 어머니?"

"이제 제가 찬송가들 중 한 곡을 읽어 드릴게요." 페터가 계속해서 말했다. "하이디가 저에게 그렇게 하라고 했어요." 페터의 어머니가 책을 가지고 왔다. 페터의 어머니와 할머니 두 사람 다 반가운 놀라움으로 페터에게 귀를 기울였다.

다음날 학교에서 읽기 수업이 있었다.

"우리 평소처럼 페터는 건너뛰어야겠지." 선생님이 말했다. 페터는 책을 가져가 망설임 없이 세 줄을 읽었다.

"페터, 무슨 기적이 일어났구나!" 선생님이 소리쳤다. "나는 너에게 읽는 법을 가르칠 수 없겠다고 결정하자마자 네 스스로 배웠구나! 요사이 그러한 기적이 어떻게 일어난 것이니?"

"하이디였어요." 페터가 대답했다.

선생님은 놀라서 하이디 쪽을 바라보았는데, 하이디는 자신의 벤치에 천진난만하게 앉아 있었다.

p.183 "한 번만 더 해 보자." 선생님이 말했다. 페터는 다음 세 줄을 더 읽어야 했다. 실수는 하나도 없었다. 페터는 읽을 수 있었다.

매일 저녁 페터는 찬송가 한 곡을 큰 소리로 읽었다. 페터의 어머니 브리기타는 여전히 아주 즐거워하고 놀라워했다.

"이제 페터가 읽는 법을 배웠으니 그 아이가 무엇이든 할 수 있겠어요." 브리기타가 말했다.

"그래, 페터가 무언가를 배운 것은 그 아이에게 아주 잘된 일이지만, 언제나 아주 어려운 단어들은 빼먹는구나." 할머니가 대답했다. "페터는 하이디만큼 잘 읽지는 못해."

먼 곳의 친구들로부터 들려온 소식

p.184 5월이었다. 맑고 따뜻한 햇빛이 산을 내리비추었고, 산은 다시 초록색으로 변했다. 하이디는 다시 산 위의 집에 있었고 이리저리 뛰어다녔다. 하이디는 양달에서 껑충껑충 뛰고 기어 다니고 춤을 추는 모든 작은 딱정벌레들과 날개 달린 곤충들을 보며 기뻐했다. p.185 모든 작은 생물들은 하이디만큼이나 즐거운 것이 분명했다. 하이디는 할아버지가 나무를 톱으로 켜는 소리를 들을 수 있었다.

"손님들을 위해 의자를 만들고 계시네요." 하이디가 말했다. 하이디는 페터의 휘파람 소리를 듣고 달려 나가 네 발 달린 친구들과 함께 있는 자신을 발견했다. 페터는 염소들을 밀치고 하이디에게 편지를 한 장 건넸다. 하이디에게 온 편지는 되르플리에서 우편배달부에 의해 전날 저녁에 페터에게 주어진 터였다.

"프랑크푸르트에서 온 거네!" 하이디가 소리쳤다. "들어 보실래요?" 할아버지는 그렇게 할 준비가 기꺼이 되어 있었고, 페터도 마찬가지였다.

> 사랑하는 하이디,
> 모든 짐이 꾸려졌고, 우리는 아빠가 떠날 준비를 하시자마자 이제 이삼일 내에 떠날 거야. 아빠는 우리와 함께 가지 않으시는데, 먼저 파리에 가셔야 하기 때문이야. p.186 의사 선생님은 매일 오셔. 의사 선생님이 너와 함께 계셨을 때 얼

마나 많이 즐거워하셨는지 너는 상상도 못할 거야! 나는 모든 것을 보고, 너와 산 위에 함께 있고, 페터와 염소들을 만나기를 고대하고 있어.

나는 의자를 탄 채로 산 위로 옮겨져 너와 함께 하루를 보내게 될 거야. 할머니는 나와 함께 여행하시고 나와 함께 계실 거야. 로텐마이어 양은 우리와 함께 가지 않을 거야. 로텐마이어 양은 산을 두려워하거든. 그래서 할머니와 나는 둘만 있게 될 거야. 세바스찬은 라가츠까지만 우리와 함께 가고 그런 다음에는 이곳으로 돌아올 거야.

안녕, 사랑하는 하이디. 할머니께서 너에게 사랑하는 마음과 안부를 전해 달라고 하셔.

친구, 클라라

하이디가 읽기를 끝내자마자 페터는 염소들을 불러 산 위로 올라가기 시작했다. 보이지 않는 적의 방문은 페터를 좌절시키고 피곤하게 만들었다. p.187 다음날 하이디는 손님들에 관해 말하려고 페터의 할머니를 방문했다. 할머니는 이제는 아프지 않았지만 걱정 때문에 전날 밤에 잠을 못 잤다. 페터가 할머니에게 곧 누가 올 것인지 말했으므로 할머니는 그들이 하이디를 데리고 갈까 봐 두려워하게 되었던 것이었다.

"무슨 일이세요, 할머니?" 하이디가 물었다. "제가 말씀드리는 것이 조금도 기쁘지 않으세요?"

"아니다, 아니야, 물론 기쁘지, 얘야. 그 일이 너한테 그토록 많은 기쁨을 주는데." 할머니가 대답했다. 할머니는 가능하다면 하이디한테는 자신의 근심을 숨기고자 했다. 할머니는 하이디가 단지 자신을 즐겁게 해 주려고 되르플리에 머물러야 한다는 기분이 들게 하고 싶지 않았다.

"하이디, 나에게 위안을 주고 내 생각을 달래줄 것이 있단다." 할머니가 말했다. p.188 "나에게 찬송가를 읽어 주렴."

하이디는 즉시 그 책을 찾아 맑은 목소리로 읽었다. 하이디는 그 찬송가를 다시 두세 번 읽었다. 하이디와 할머니 둘 다 기분이 더 좋아졌다. 저녁이 되었을 때, 하이디는 산 위의 집으로 돌아갔다. 5월의 밤은 아주 맑고 아름다웠다. 태양은 매일 아침 구름 한 점 없는 하늘로 솟아올랐다. 5월이 지나갔고, 모든 것이 점점 더 푸르러졌다. 그런 다음 온 산을 뒤덮는 꽃들을 데려온 더 뜨거워진 태양과 길어진 밝은 낮 시간과 함께 6월이 왔다.

6월 하순의 어느 날, 낯선 행렬이 산 위로 올라오고 있었다. 맨 앞에서 두 사람이 의자를 운반하고 있었는데, 그 의자에는 담요로 몸을 잘 감싸고 있는 한 소녀가 앉아 있었다. 귀부인이 타고 있는 말 한 마리가 그 뒤를 따라왔다. 마지막 사람은 많은 옷과 담요를 운반하고 있는 사람이었다.

p.189 "그들이 와요!" 하이디가 기뻐서 펄쩍 뛰며 소리쳤다. 하이디는 앞으로 달려 나갔고 두 아이들은 서로를 껴안았다.

"굉장한 집을 가지고 계시군요, 하이디 할아버님." 클라라의 할머니가 말했다. "임금님도 할아버님을 시기하겠어요! 하이디는 들장미 같군요!"

"오, 할머니!" 클라라가 말했다. "저는 여기에서 영원히 살고 싶어요!"

하늘은 오두막집, 전나무들, 그리고 높은 바위들 위로 멀리 푸르고 구름 한 점 없이 펼쳐졌다. 클라라는 자기 주변에 있는 모든 아름다운 것들에 경탄했다.

"오, 하이디, 내가 너와 함께 걸을 수만 있다면 좋을 텐데." 클라라가 간절한 마음으로 말했다. 하이디는 오두막집과 전나무 주위로 클라라의 의자를 아주 쉽게 밀었다. 그곳에서 그들은 잠시 멈췄다. 클라라는 전에 그처럼 거대한 나무들을 본 적이 없었다. p.190 그 나무들이 영원히 변함없이 서 있는 동안 그 나무들 주변의 모든 것들은 계속해서 변하고 있었다.

"오, 꽃들이네!" 클라라가 소리쳤다. "붉은 꽃이 핀 관목들을 봐. 내가 일어서서 저 꽃들을 꺾을 수 있으면 얼마나 좋을까." 하이디는 달려가서 클라라를 위해 꽃을 몇 송이 꺾었다.

"하지만 이것들은 아무것도 아니야, 클라라." 하이디가 말했다. "염소들이 풀을 먹고 있는 더 높은 곳으로 갈 수 있다면 더 많은 블루벨 꽃들과 순금처럼 반짝이는 밝은 노란색 바위 장미들도 보게 될 거야."

"할머니, 제가 그곳에 올라갈 수 있을 거라고 생각하세요?" 클라라가 간절한 마음으로 물었다.

"내가 분명히 너를 밀어 올릴 수 있을 거야." 하이디가 말했다. "의자는 아주 쉽게 굴러가니까."

식사를 하려고 자리에 앉은 후, 클라라의 할머니는 클라라가 얼마나 많이 먹는지를 보았을 때 놀라고 말았다.

"오, 정말 아주 맛있어요, 할머니." 클라라가 말했다. p.191 클라라 할머니와 알름 아저씨는 함께 아주 잘 지냈으며, 그들의 대화는 점점 더 활기를 띠었다. 저녁 식사 후, 그들은 오두막집 안으로 들어가서 오두막 여기저기를 둘러보았다.

"너는 여기 있어서 참 좋겠구나, 하이디." 클라라의 할머니가 소리쳤다.

"많이 생각해 봤는데 만약 기꺼이 동의하신다면, 손녀가 이곳에서 지내면 더 튼튼해질 것이라고 저는 확신합니다." 할아버지가 클라라의 할머니에게 제안했다. 클라라와 하이디는 이 말에 매우 기뻐했으며 할머니의 얼굴은 만족스러워 보였다.

"정말로 친절하시군요, 하이디 할아버님." 클라라의 할머니가 소리쳤다. "진심으로 감사드려요, 할아버님."

p.192 그러는 동안 두 사람은 건초 두는 곳으로 올라가서 잠자리를 마련하기 시작했다. 다음 질문은 클라라가 얼마나 오래 머무를 것인가 하는 것이었다. 그들은 한 달 동안 그곳에 머물러도 된다고 결정했다. 할아버지는 클라라의 할머니를 산 밑으로 안내해 주고 그날 저녁 늦게 돌아오기로 결정했다. 클라라의 할머니는 되르플리에 혼자 머무는 것을 좋아하지 않았으므로 라가츠로 돌아가기로 결정했다.

페터는 할아버지가 돌아오기 전에 염소들과 함께 내려왔다. 하이디는 염소들 모두를 클라라에게 소개해 주었다. 그러는 동안 페터는 성난 표정으로 그들을 지켜보았다.

그날 밤 두 아이들은 기도를 했고, 그런 다음 하이디는 잠이 들었다. 별들 아래에서 자는 것을 접한 경이로움 때문에 클라라는 한동안 깨어 있었다. 밖에는 두 개의 아주 커다란 별들이 하늘에서 깜빡거렸다. 꿈을 꿀 때조차도 클라라는 여전히 그 별들이 자신에게 반짝이는 것을 보았다.

할아버지 집에서의 생활

p.193 옅은 아침 구름이 머리 위에서 점점 더 밝아졌고, 마침내 태양이 빛을 발했으며, 바위와 숲과 언덕은 황금빛 햇살에 잠겼다. 클라라는 막 눈을 뜬 상태였고 둥근 창문을 통해 비치는 밝은 햇빛을 경이롭게 바라보고 있었다.

p.194 이제 하이디가 잠에서 깨어나 클라라가 옷을 다 입은 것을 보고 놀랐다. 클라라는 이미 내려갈 준비를 하고 할아버지의 품에 안겨 있었다.

그들이 밖으로 나왔을 때, 상쾌한 아침 공기가 아이들의 얼굴 주위로 불어 왔다. 이처럼 이른 시간에 확 트인 시골의 집 밖에 있어 본 것은 클라라의 인생에서 처음 있는 일이었다. 맑은 산 공기는 아주 시원하고 상쾌했다. 클라라는 산 위가 이럴 거라고 상상도 해 본 적이 없었던 터였다.

"오, 하이디, 내가 너와 함께 영원히 여기에서 머물 수 있다면 좋겠어." 클라라가 행복하게 소리쳤다. 할아버지는 그들에게 염소젖 두 그릇을 가져다주었다. 클라라는 전에는 염소젖을 맛본 적이 없었다. 클라라는 주저하고 염소젖 냄새를 맡았다. 마침내 클라라는 염소젖을 전부 마셨고, 클라라도 염소젖이 맛있다는 것을 깨달았다.

p.195 이제 페터가 염소들과 함께 도착했고, 하이디가 염소들의 인사를 받고 있는 동안 할아버지는 페터에게 귀엣말을 했다. 할아버지는 페터에게 작은 백조가 원하는 곳으로 올라가서 가장 좋은 음식을 먹어야 한다고 확실히 말해 두었다. 할아버지는 염소젖이 최대한 맛이 좋아지기를 바랐다.

페터는 자신의 염소들과 함께 행진했다. 페터는 하이디에게 자신과 같이 갈 거냐고 물었으나 하이디는 갈 수 없다고 말했다. 그 대신 알름 아저씨가 페터와 함께 갈 것이었다. 이것이 페터의 기분을 좋아지게 해 주지는 않았다. 하이디와 클라라는 클라라의 할머니가 클라라의 건강을 염려하지 않도록 매일 편지를 쓰기로 결정했다.

높은 산봉우리가 클라라의 위쪽으로 솟아 있었고, 아래로는 평온함이 완전하게 깃든 넓은 골짜기가 온전하게 있었다. 아침은 빨리 지나갔고, 이제 할아버지는 김이 모락모락 나는 염소젖 그릇들을 가지고 왔다. p.196 그런 다음 하이디는 클라라의 의자를 전나무 아래로 밀었다.

그래서 그들은 나무 아래에 앉아 재잘재잘 떠들었다. 그들이 이야기를 하면 할수록 노래하는 새들은 점점 더 시끄러워졌다.

저녁에 페터가 돌아왔고 그는 여전히 화가 나 보였다. 할아버지가 젖을 짜기 위해 작은 백조를 데려가는 것을 보았을 때 클라라는 갑자기 염소젖을 한 그릇 더 먹고 싶다는 욕구를 느꼈다.

"이상하지 않니, 하이디?" 클라라가 말했다. "나는 예전에 이렇게 먹어 본 적이 없어. 모든 것이 맛이 다 똑같았거든. 그런데 지금 나는 정말로 한 그릇 더 먹기를 간절히 원해."

"그래, 그것이 어떤 기분인지 나는 알아." 프랑크푸르트에서 음식 맛이 얼마나 끔찍했는지 기억하는 하이디가 대답했다.

사흘째 되는 날, 아이들을 위한 깜짝 놀랄 일이 있었다. 두 사람이 산 위로 올라왔는데, 각자 새 담요들과 침대를 하나씩 어깨에 메고 운반하고 있었다.

p.197 그 사람들은 또한 편지도 가지고 있었는데, 클라라의 할머니로부터 온 그 편지에는 이것들이 클라라와 하이디를 위한 것이라고 적혀 있었다. 한편 클라라의 할머니는 클라라로부터 받은 소식에 대해 기뻐했다. 클라라는 하이디와의 교제가 얼마나 즐거운지, 그리고 할아버지가 얼마나 친절한지를 썼다.

할아버지는 클라라를 치유하는 것을 도우려고 날마다 무언가 새로운 것을 생각해 내려고 애썼다. 할아버지는 산 위로 높이 올라가 작은 백조의 젖이 보다 풍부해지게 하려고 특별한 식물을 찾았다. 클라라가 산 위에 있은 지도 이제 3주가 되었다. 매일 할아버지는 클라라에게 잠시만 서 보라고 했다. 매번 클라라는 잠깐 동안 서 있었고, 그런 다음에는 너무 아프다고 불평했다.

여름 저녁이 오면 진홍색 빛이 산봉우리와 거대한 눈밭에 떨어졌다. p.198 태양은 황금빛 화염의 바닷속에 가라앉았다. 일몰과 모든 것은 염소들이 풀을 먹는 더 높은 산 위쪽에서 가장 아름다워 보였다. 하이디는 날마다 클라라에게 이것을 말해 주었다.

"할아버지, 내일 저희를 염소들과 함께 데리고 나가 주실래요?" 마침내 클라라가 부탁했다.

"그렇게 하마. 하지만 내일 아침에 네가 서려고 노력했을 때만 그럴 거야." 할아버지가 대답했다. 하이디는 페터에게 자기들 모두가 다음날 그와 함께 갈 것이라고 말했다. 페터는 대답하지 않았고 대신에 그는 집에 갔다.

클라라와 하이디는 그날 밤 기쁨을 한가득 느끼며 자신들의 두 개의 침대로 들어갔다. 하이디는 커다란 맹금이 위쪽의 산에서 자신을 부르고 있는 소리를 들었다.

"오렴!" 맹금은 말했다.

예기치 못한 일이 일어나다

p.199 다음날 아침 할아버지는 헛간에서 클라라의 의자를 밀고 나왔으며, 그런 다음 아이들을 부르러 안으로 들어갔다. 할아버지는 아이들에

게 태양이 얼마나 아름다운지 말해 주었다. 페터가 이 순간에 도착했다. 페터가 몹시 화가 나고 가혹해졌기 때문에 염소들은 페터 주위에서 머뭇거리고 있었다. p.200 지금까지 몇 주째 페터는 하이디와 단 둘이 시간을 보내지 못했던 터였다. 클라라는 언제나 하이디와 함께 있었다. 페터는 클라라의 휠체어를 바라보았다.

어느 곳에서도 소리는 나지 않았고 아무도 페터를 보지 못했다. 페터는 휠체어를 잡고 그것을 산 아래로 던져 버렸다. 휠체어는 산 아래로 굴러 떨어져 사라졌다. 페터가 덤불 뒤로 달려갔으므로 할아버지는 그를 발견하지 못할 것이었다. 이제 페터는 휠체어가 산산조각이 난 것을 볼 수 있었다. 페터는 정말로 기뻐서 웃었다. 페터의 적은 이제 떠나야 할 터였다!

이제 하이디가 오두막집에서 달려 나왔다. 하이디는 휠체어를 찾아 사방을 두리번거렸으나 그것을 찾을 수 없었다. 갑자기 바람이 불었다.

"바람이 불어 휠체어를 날려 버린 게 분명해." 하이디가 소리쳤고, 그녀의 눈은 이 갑작스러운 발견에 불안해하게 되었다.

p.201 "이거 이상하구나." 할아버지가 말했다. "하지만 산 아래로 굴러 떨어졌다면, 휠체어는 산산조각이 났을 거야."

"오, 미안해!" 클라라가 소리쳤다. "이제 나는 못 가." 하지만 하이디는 평소의 확신에 찬 표정으로 할아버지 쪽을 바라보았다.

"할아버지, 할아버지는 무엇이든 하실 수 있으시죠, 그렇죠?" 하이디가 물었다.

"그래도 우리는 산 위로 올라갈 거야." 할아버지가 대답했다. "우리가 클라라를 데려가면 돼. 자, 그럼 출발하자. 염소들은 우리와 함께 가면 돼."

염소가 대개 풀을 먹는 장소에 도착했을 때, 그들은 염소들이 이미 그곳에 있는 것을 발견하고 놀랐다. 페터가 그들과 함께 있었다.

"이 게으른 못된 녀석!" 할아버지가 소리쳤다. "오늘 아침에는 어디에 있었니?"

"아무도 깨어 있지 않던 걸요." 페터가 대답했다.

p.202 "의자는 보았니?" 할아버지가 물었다.

"무슨 의자요?" 페터가 말했다.

할아버지는 더 이상 말하지 않았다. 할아버지는 땅에 담요를 펴고 그곳에 클라라를 올려놓았다. 클라라는 편안해 보였다. 할아버지는 그들을 떠날 채비를 했다. 그들은 이제 안전하고 함께 즐거울 터였다. 하늘은 짙은 푸른색이었고, 구름 한 점 보이지 않았다. 머리 위의 커다란 눈밭은 무수한 금색과 은색 별들로 만들어진 것처럼 반짝거렸다. 염소들은 때때로 앉아서 아이들과 함께 놀았다.

몇 시간이 지났고, 하이디는 저녁을 맞아 꽃들이 지기 전에 꽃밭으로 가고 싶어 했다. 하이디는 잠시 동안 꽃밭에 가도 될지 물었다. 하이디는 염소 눈송이를 데리고 와서 클라라와 함께 앉혀 두었다.

염소는 클라라가 먹이를 먹여 주는 것을 즐겼다. p.203 클라라는 갑자기 언제나 도움을 받는 대신 자립하여 남을 도울 수 있었으면 좋겠다는 큰 욕구를 느꼈다. 전에는 알지 못했던 많은 생각들이 클라라의 마음속으로 밀려들어 왔다. 그동안 하이디는 꽃밭에 도착했다. 꽃밭은 아주 아름다웠다. 하이디는 서서 맛있는 공기를 들이켰다. 갑자기 하이디는 몸을 돌려 달리느라고, 또한 흥분으로 인해 숨을 헐떡이며 클라라 곁에 도착했다.

"오, 네가 꼭 가 봐야 해." 하이디가 말했다. "네가 상상할 수 있는 것보다 더 아름다워. 내 생각에는 내가 너를 데려갈 수 있을 것 같아."

"하이디, 너는 너무 작아." 클라라가 말했다. "내가 걸을 수 있다면 좋을 텐데!"

페터는 두 아이를 내려다보며 위쪽에 앉아 있었다. 자신이 휠체어를 망가뜨렸음에도 불구하고 클라라는 그래도 산 위로 올라왔던 것이었다.

p.204 "페터, 이리 내려와!" 하이디가 페터를 불렀다.

"가고 싶지 않아." 페터가 말했다.

"네가 여기로 와서 나를 도와줘야 해!" 하이디가 말했다.

"안 할래." 페터가 대답했다.

"만약 오지 않으면, 나는 무언가 네가 좋아하지 않을 것을 할 거야." 하이디가 말했다.

갑자기 페터는 두려워졌다. 하이디는 자신이 한 못된 짓을 알고 있는 것 같았다.

"갈게." 페터가 말했다.

"너는 한 팔을 이렇게 내 목에 두르고, 다른 팔을 페터의 목에 두르도록 해." 그들이 클라라에게 가자마자 하이디가 클라라에게 지시했다. "그러면 우리가 너를 옮길 수 있을 거야."

하지만 페터는 일생에서 그 누구에게도 자기 팔을 내준 적이 없었다. 또한 클라라는 약간 무거웠으며, 그들 일행은 몸집에서도 썩 어울리지 않았다. p.205 그들은 클라라를 잘 옮길 수가 없었다.

"네 발을 한 번 힘껏 내려놔 봐." 하이디가 제안했다. "그 후에는 분명히 덜 아플 거야."

"그렇게 생각해?" 머뭇거리며 말했지만, 클라라는 하이디의 충고를 따랐다. 클라라는 한쪽 발을 내려놓고 다른 발도 내려놓았다.

"다시 해 봐." 하이디가 격려하며 말했다. 그리고 클라라는 한쪽 발을 내려놓고 다른 발을 내려놓는 것을 계속했다.

"내가 할 수 있어, 하이디!" 클라라가 소리쳤다. "봐! 내가 제대로 걸음을 내디딜 수 있어!"

한 걸음 한 걸음 걸을 때마다 클라라는 발에 더 안정감을 느꼈다. 하이디의 마음속은 기쁨으로 가득 채워졌다. 걸을 때, 클라라는 혼자 걸을 수 있는 것보다 더 좋은 기쁜 일을 아무것도 생각할 수 없었다. 꽃밭에 도착했을 때 그들은 함께 앉았다. p.206 꽃밭은 아주 아름다웠다! 두 소녀는 모두 아름다운 풍경과 신선한 공기를 즐겼다. 클라라는 자기 미래에 관해 기쁘게 생각했다. 페터 역시 움직이거나 말하지 않고 꽃들 사이에 누워 있었는데, 그가 잠이 들었기 때문이었다.

정오가 한참 지나서 염소들이 꽃밭으로 내려왔다. 염소들은 아이들을 찾고 있었고 그들을 보았을 때 흥분하여 그들에게 달려왔다. 페터는 염소들의 소리를 들었을 때 깨어났다. 페터는 의자를 부수었기 때문에 자신에게 무언가 안 좋은 일이 일어날 것이라는 꿈을 꾸고 있었다. 아이들이 점심을 먹을 시간이 되었을 때, 페터는 음식을 조금도 남김없이 먹어치웠다. 하지만 음식 조각을 하나하나 삼킬 때 페터는 고통을 느꼈다. 페터가 느끼는 죄책감은 페터가 평온하게 음식을 먹기 어렵게 하고 있었다.

할아버지가 아이들을 데리러 왔을 때, 하이디는 할아버지에게 달려가 좋은 소식을 전했다. 기쁨의 표정이 할아버지의 얼굴에 번졌다. p.207 할아버지는 클라라가 일어서는 것을 도와주었고 클라라가 몇 발자국 더 걷는 것을 도와주었으며, 클라라는 전보다 더 자신 있게 걸었다. 그런 다음 할아버지는 다시 클라라를 들어올렸다.

"너무 많이 걸으면 안 된다." 할아버지가 말했고, 그들은 모두 집으로 걸어갔다.

페터가 그날 저녁에 되르플리에 도착했을 때, 페터는 무언가를 보고 있는 많은 사람들의 무리를 발견했다. 페터는 그들이 보고 있는 것을 보려고 무리 사이로 밀치고 나아갔다. 풀밭에는 클라라의 휠체어 파편이 흩어져 있었다. 사람들은 휠체어에 일어난 일에 관해 자기들이 생각하는 바를 말했지만, 페터는 충분히 들은 터였다. 페터는 조용히 무리를 떠나 집으로 달렸다.

페터는 갑자기 휠체어에 무슨 일이 있었는지 밝혀내려고 경찰이 프랑크푸르트에서 오지 않을지 두려워졌다. 집에 왔을 때, 페터는 저녁을 먹을 수가 없었고 대신에 자러 갔다. p.208 페터의 어머니와 할머니는 페터가 아프다고 걱정했다.

클라라와 하이디는 자기 전에 기도를 했고, 각자 주님이 클라라에게 내려 준 축복에 대하여 자기만의 방식으로 감사를 드렸다. 다음날 아침 할아버지는 이제 그들이 클라라의 할머니에게 편지를 써서 할머니가 방문할 수 있는지 물어봐야 한다고 제안했다. 하지만 아이들의 머릿속에는 또 다른 계획이 있었는데, 할머니를 위한 커다란 깜짝 쇼를 준비하고 싶었기 때문이었다. 할머니가 방문하기 전에, 클라라는 혼자 걷는 것을 연습하고 싶어했다.

그들은 클라라가 도움을 받지 않고 몇 발자국을 걸을 수 있기까지 얼마나 걸릴지 할아버지에게 물었다. 할아버지는 1~2주로 추정했다. 그들은 즉시 앉아서 할머니에게 보내는 초대장을 써서 곧 와 달라고 했다. 클라라는 온전히 기쁜 감정을 느끼며 매일 아침 잠에서 깨었다.

p.209 날마다 클라라는 더 수월하게 걷는 것을 알았고 더 먼 거리를 갈 수 있었다. 걷는 것은 또한 클라라를 전보다 허기지게 만들었다. 그렇게 한 주가 더 지나갔고 클라라의 할머니의 두 번째 방문 날이 왔다.

"우리가 다시 만날 때까지 안녕"

p.210 클라라의 할머니는 자신이 가고 있다는 것을 아이들에게 알리려고 도착하기 전날에 편지를 썼다. 페터는 다음날 아침 일찍 편지를 가지고 올라왔다. 편지를 할아버지에게 건넨 후, 페터는 겁먹은 표정으로 뒤로 물러섰다.

"할아버지, 페터가 최근에 왜 늘 두려운 듯이 행동하는 거예요?" 하이디가 물었다.

p.211 "아마도 자신이 받아야 할 벌을 두려워하는 것 같구나." 할아버

지가 대답했다. 하이디는 이제 오두막집을 청소하기 시작했다. 클라라는 분주한 하이디가 일하는 것을 지켜보면서 즐겁고 흥미롭게 관찰했다. 마침내 도착했을 때, 클라라의 할머니는 두 아이들이 서로 나란히 앉아 있는 것을 보았다.

"왜 네 의자에 앉아 있지 않니, 클라라?" 클라라의 할머니가 물었다. "너 아주 건강해 보이는구나! 정말로 너 맞니?" 하이디가 다른 소녀의 팔을 잡았고, 두 아이는 할머니 쪽으로 걷기 시작했다. 클라라의 할머니는 자신의 눈을 믿을 수가 없었다! 클라라는 실제로 차근차근 걷고 있었다. 웃기도 하고 울기도 하면서 클라라의 할머니는 두 아이들에게 달려가 먼저 클라라를, 그런 다음에는 하이디를 껴안았다.

"하이디 할아버님!" 할머니가 소리쳤다. "할아버님께서 이렇게 하신 거예요?"

p.212 "그저 산의 공기와 태양이 한 일이었어요." 할아버지가 미소를 지으며 대답했다.

"네, 그리고 제가 마시는 훌륭한 염소젖도 잊지 마세요." 클라라가 말했다.

"너는 또한 아주 튼튼하고 포동포동하고 키도 더 컸구나." 할머니가 말했다. "파리에 있는 내 아들에게 전보를 쳐서 즉시 이곳에 와야 한다고 말해야겠다."

할아버지는 페터가 전갈을 되르플리에 전달할 수 있도록 휘파람을 불어 페터를 불러서 산을 내려가게 했다. 그들은 함께 저녁을 먹고 클라라 할머니에게 클라라가 걷는 것을 배운 경위를 설명해 주었다.

한편 파리에서 사업을 마친 제제만 씨 역시 깜짝 놀랄 일을 준비하고 있었다. 자기 어머니에게 말 한 마디 하지 않고, 제제만 씨는 어느 화창한 날 아침에 기차를 타고 되르플리로 여행하기로 결정한 것이었다. 제제만 씨는 산을 오르는 것이 시간이 많이 걸리고 피곤한 일이라는 것을 알았다. 제제만 씨는 계속해서 걸었으나 여전히 오두막집은 보이지 않았다. p.213 그러나 그 오솔길은 수차례 설명 받은 적이 있었기 때문에 제제만 씨는 자신이 바른 길로 가고 있다는 것을 알았다.

제제만 씨는 그날 하이디와 자신의 딸을 방문하려고 산을 오르고 있었다. 그런데 지금 누군가가 산을 달려 내려오고 있었다. 그것은 손에 전보를 쥐고 있는 페터였다! 제제만 씨는 그 소년을 보고 그를 곁으로 불렀다.

"말해 줄래?" 제제만 씨가 페터에게 물었다. "이 길이 노인과 하이디라는 아이가 사는 오두막집으로 가는 길이니?"

페터는 제제만 씨가 프랑크푸르트에서 온 경찰이 틀림없다고 생각했다! 페터는 전보를 떨어뜨리고 몸을 돌려 달렸다.

'이 산 사람들은 정말로 겁이 많구나!' 제제만 씨는 생각했다. 페터가 넘어져서 산에서 굴러 떨어지는 동안 제제만 씨는 계속해서 산을 올라갔다. p.214 페터는 결국 관목 숲 속으로 굴러 떨어졌다. 페터는 그곳에서 생각을 하며 잠시 누워 있었다.

갑자기 페터는 다시 벌떡 일어났다. 페터는 추락으로 온몸에 상처를 입었지만 염소를 돌보러 산 위로 돌아가야 했다. 그래서 페터는 다시 산을 올라가기 시작했다. 제제만 씨가 마침내 산꼭대기에 도착했을 때, 두 명의 형체가 그를 향해 걸어왔다. 한 형체는 하이디에게 몸을 기댄 금발에 분홍색 뺨을 지닌 키가 큰 소녀였다. 제제만 씨는 자신이 깨어 있는 것인지 꿈을 꾸고 있는 것인지 알 수가 없었다.

"저를 못 알아보시겠어요, 아빠?" 클라라가 아빠에게 말했다. 제제만 씨는 자기 딸에게 달려가 그 아이를 껴안았다.

"네가 정말로 내 딸 클라라니?" 제제만 씨는 계속해서 말했다. "그래, 너는 산 속의 집에서 여전히 건강하고 행복하게 지내고 있니? 너를 다시 보게 되어 기쁘구나." 제제만 씨가 하이디에게 말했다. 하이디의 마음은 행복감으로 가득 채워졌다. 클라라의 할머니는 이제 하이디의 할아버지에게 자신의 아들을 소개시켜 주려고 앞장섰다. p.215 할머니는 전나무 아래를 보고 그곳에 놓여 있는 아름다운 파란 꽃들을 보았다.

"꽃들이 아주 아름답구나." 할머니가 말했다. "하이디, 네가 저곳에 꽃들을 놓아두었니?"

"아니요, 아니에요, 저는 꽃들을 저기에 두지 않았어요." 하이디가 말했다. "하지만 누가 그랬는지는 알아요."

이 순간 그들은 페터를 보았는데, 그는 숨으려고 애쓰고 있었다. 페터는 눈에 띄지 않고 그들을 지나쳐 가려고 애쓰고 있었다. 할머니는 페터가 꽃들을 그곳에 두었으며 부끄러워하고 있다고 생각했다.

"이리 오렴." 클라라의 할머니가 페터에게 말했다. "무서워할 필요가 없단다. 그렇게 한 것이 바로 너였니?"

페터는 클라라의 할머니의 얼굴을 쳐다볼 수 없었다. 페터는 클라라 할머니가 클라라의 의자에 관해 말하고 있다고 생각했다.

"네." 페터가 대답했다.

"왜 그렇게 겁을 먹은 거니?" 할머니가 말했다.

p.216 "왜냐하면 그것이 산산조각이 났고, 아무도 다시 붙일 수 없으니까요." 페터는 자신이 서 있을 수가 없을 거라고 느꼈다.

"저 가엾은 아이는 정신이 이상한 건가요?" 클라라의 할머니가 물었다.

"아닙니다." 할아버지가 말했다. "그 아이가 휠체어를 산 아래로 밀어버린 아이랍니다. 그 아이는 벌 받기를 기다리고 있어요."

클라라의 할머니는 이를 믿기 힘들었으나, 하이디의 할아버지는 페터가 클라라를 얼마나 싫어하는지 보아 왔다.

"아니에요, 우리는 더 이상 저 가엾은 소년을 벌주지 않을 거예요." 클라라의 할머니가 말했다. "저희는 저 아이의 가장 친한 친구를 데려가서 저 아이를 혼자 남겨둔 장본인들이에요. 저 아이는 화가 나서 어리석게 행동한 것이지요. 이리 오너라, 애야, 그리고 내 앞에 서 보렴. 너에게 할 말이 있으니까. 다른 이는 아무도 알지 못하는 잘못된 일을 저지를 때, 우리는 우리가 벌을 받지 않을 것이라고 생각하지. 하지만 주님은 우리가 하는 모든 것을 보고 계시단다. 우리가 잘못된 일을 저지를 때, 우리는 우리가 저지른 일에 대해 끝없이 생각하게 되고 평화를 찾을 수 없게 된단다. p.217 네가 클라라를 상처 입히려고 애썼음에도 불구하고 클라라는 휠체어가 없기 때문에 걷는 법을 배웠어. 주님은 네가 저지른 나쁜 일을 좋은 일로 바꾸셨지. 만약 네가 행복해지기를 원한다면, 나쁜 짓을 하지 말거라."

"알겠습니다." 페터가 대답했다.

"그건 그렇고 선물로 무엇이 가장 갖고 싶니?" 할머니가 물었다.

페터는 클라라의 할머니를 빤히 쳐다보았다. 마침내 페터는 자신이 더 이상 곤경에 처해 있지 않다는 것을 깨닫기 시작했다.

"하지만 저는 쪽지도 잊어버렸어요." 페터가 부끄러워하며 말했다.

"나에게 말해 주다니 착한 소년이구나!" 할머니가 말했다. "이제 내가 너에게 무엇을 주었으면 좋겠니?"

페터는 무엇을 달라고 해야 할지 몰랐다. 장에 갈 때마다 페터는 사고 싶은 물건들이 아주 많았다. p.218 그러나 페터는 충분한 돈을 가지고 있었던 적이 없었다.

"1페니요." 더 이상 의심을 하지 않게 된 페터가 대답했다. 할머니는 웃지 않을 수 없었다.

"1페니는 아무것도 아니란다!" 할머니가 말했다. "1년 내내 매주 일요일마다 너는 쓸 수 있는 1페니를 꺼내 가도 된다."

"제가 살아 있는 동안 내내요?" 페터가 아주 천진난만하게 말했다. 할머니는 이 말에 더 많이 웃었다.

"그래, 얘야, 네 평생 그 돈을 갖게 될 거야." 할머니가 말했다.

제제만 씨가 고개를 끄덕이고 함께 껄껄 웃었다.

"주님 감사합니다!" 페터는 소리치고 행복한 마음만 품고 산 위로 달려 올라갔다.

이후 저녁 식사를 하고 나서 모두는 함께 앉아서 이야기를 나누었다.

"저는 하이디 할아버지께 무언가 드리고 싶어요." 클라라가 은밀히 자기 아버지에게 말했다. p.219 "아빠는 하이디 할아버지께서 저를 위해 해 주신 모든 일을 상상도 못하실 거예요."

"그것은 바로 내가 가장 바라는 일이기도 하단다, 클라라." 제제만 씨가 말했다. 제제만 씨는 이제 하이디 할아버지에게 다가갔다.

"주님의 도움으로 할아버님이 제 딸을 완전히 튼튼하게 만들어 주셨습니다." 제제만 씨가 말했다. "제가 할아버님을 위해 해 드릴 수 있는 일이 있을까요?"

할아버지는 행복한 아버지를 쳐다볼 때 얼굴에 기쁨의 미소를 띠고 조용히 그의 말에 귀를 기울였다.

"선생의 딸이 치유가 된 것을 보는 것은 저에게도 기쁨을 안겨 주었습니다." 할아버지가 말했다. "제가 살아 있는 동안 제 자신과 아이가 쓸 돈은 충분히 가지고 있습니다. 저는 오직 한 가지만 바랍니다."

"그것이 무엇인지 말씀해 주십시오." 제제만 씨가 말했다.

"저는 점점 늙어가고 이 세상에 아주 오래 머물 수는 없습니다." 할아버지가 말했다. "제가 이 세상을 떠나면, 저는 하이디가 낯선 사람들과 함께 살아야 하는 것을 원하지 않습니다."

p.220 "저는 하이디도 제 딸이라고 생각합니다." 제제만 씨가 말했다. "우리 가족이 언제나 하이디를 돌봐 주겠습니다. 또한 우리의 좋은 친구인 의사 선생님이 되르플리로 이사 오기로 결정했습니다. 만약 할아버님께 무슨 일이 생긴다면 하이디는 되르플리를 떠날 필요가 없을 것이고 그분과 함께 살 수 있습니다. 하이디, 너는 바라는 것이 있니?"

"네, 있어요." 하이디가 대답했다.

"그렇다면 당장 말해 보렴, 애야." 제제만 씨가 말했다. "그게 뭐니?"

"제가 프랑크푸르트에서 잘 때 썼던 침대를 갖고 싶어요." 하이디가 말했다. "페터의 할머니가 따뜻하고 편안해지실 수 있게 저는 그것을 할머니께 드리고 싶어요."

"그거 아주 훌륭한 생각이구나." 클라라의 할머니가 말했다. "가엾은 페터의 할머니는 우리 때문에 너무 오랫동안 하이디를 보지 못하셨어. 모두들 페터의 할머니께 좋은 소식을 말씀드리러 함께 내려가자."

p.221 클라라와 그녀의 아버지는 그 계획에 동의했다. 그들은 되르플리에서 밤을 보내고 그런 다음 남은 여름은 스위스에서 여행을 할 예정이었다.

산을 내려왔을 때, 클라라의 할머니는 페터의 할머니에 관한 것을 전부 물어보았다. 하이디는 클라라의 할머니에게 페터의 할머니가 겨울에 얼마나 춥게 지내는지를 포함하여 그녀에 관한 많은 상세한 것들을 이야기했다.

브리기타는 창문으로 그들이 걸어오는 것을 지켜보고 있었다. 브리기타는 자기 어머니에게 그들이 모두 함께 걸어오고 있는 것이 보인다고 말했다. 페터의 할머니는 그들이 하이디를 프랑크푸르트로 데려가려고 돌아왔다고 생각했다. 갑자기 그들의 집 문이 활짝 열렸다.

"할머니!" 하이디가 외쳤다. "제 침대가 베개 세 개랑 함께 프랑크푸르트에서 보내질 거예요. 클라라의 할머니께서 그 침대가 이틀이면 도착할 거라고 말씀하세요."

p.222 "그분은 정말로 마음씨 좋고 친절하신 분이 분명하구나." 페터의 할머니가 말했다. "너는 그분과 함께 살 거니?"

"아니요, 아니에요. 그런 일은 생각도 해 보지 않았어요!" 클라라의 할머니가 말했다. "하이디는 할머님과 함께 있을 것이고 할머님을 기쁘게 해 드릴 거예요. 저희는 하이디를 다시 만나고 싶지만, 저희가 하이디에게 오게 될 것입니다."

"이토록 매우 친절하신 분들이 계시리라고는 생각도 못했어요." 페터의 할머니가 말했다. "이 일로 주님에 대한 믿음이 생겨나는군요!" 페터의 할머니는 그들의 친절에 대하여 클라라의 가족에게 계속해서 감사했다.

마침내 제제만 씨와 그의 어머니는 산 아래로 여행을 계속할 수 있었고, 그러는 동안 할아버지는 클라라를 다시 산으로 데리고 갔다.

다음날 아침 클라라가 떠날 시간이 되었을 때 두 소녀는 울며 작별 인사를 했다. 하지만 그들은 내년 여름을 고대했다. p.223 클라라는 내년 여름이면 훨씬 더 잘 걸을 수 있게 될 것이다!

이제 제제만 씨는 아이들에게 갈 시간이라고 말했다. 클라라의 할머니의 백마가 클라라를 기다리고 있었다. 하이디는 클라라가 사라질 때까지 손을 흔들어 인사했다.

이틀 후 침대가 도착했다. 클라라의 할머니는 또한 따듯한 겨울옷도 보내주었다.

의사가 되르플리에 도착했다. 의사는 할아버지와 하이디가 겨울철에 사용하는 집을 구입하기로 결정했다. 의사는 자신이 공간을 가질 수 있고 하이디와 할아버지가 겨울 동안 머무를 수 있도록 그 집을 완전히 개축하기 시작했다. 의사와 할아버지는 친구가 되어 날마다 함께 시간을 보냈다.

"이보시오 친구, 제가 하이디를 보살피겠습니다." 의사가 할아버지에게 말했다. p.224 "제가 하이디를 제 자식처럼 대할게요. 하이디에 대해 걱정하실 필요 없습니다."

할아버지는 말을 하지는 않았지만, 의사의 손을 자기 손으로 꽉 쥐었다. 의사는 할아버지의 눈에서 그가 얼마나 많이 감동받았고 얼마나 기뻐하고 고마워하는지 읽을 수 있었다.

하이디와 페터는 페터의 할머니와 함께 앉아 있었다. 그들은 할머니와 페터의 어머니에게 그 여름에 일어났던 모든 일에 관해 말했다. 브리기타는 마침내 왜 페터가 매주 일요일마다 1페니를 갖게 되었는지 이해했다!

"하이디, 내게 찬송가 한 곡만 읽어다오!" 페터의 할머니가 외쳤다. "내가 할 수 있는 전부는 내 남은 인생 동안 주님께 감사드리는 일이야!"